書くだけで夢がかなう 手帳&ノート術

NIKKEI WOMAN BOOK

CONTENTS

CHAPTER 1 職場で信頼される人になる 仕事力アップ編

職業別に6人登場！手帳で"仕事力アップ"するコツ

- CASE 1 週1回、手帳に書いて振り返りの時間を持つ … 6
- CASE 2 1カ月を前半と後半に分けて時間管理 … 10
- CASE 3 仕事と勉強の予定の見える化で、自己肯定感を下げない … 14
- CASE 4 ONとOFFを色分けし、心身のバランスを見る … 16
- CASE 5 メンバーの情報を一覧にし、タスクの頼み方を考える … 18
- CASE 6 ガントチャートで流れを見える化したら残業減！ … 20

忙しくてもON／OFF充実！"ワーママ手帳"の秘密

- CASE 1 保育園児2人のママでもやりたいことは全部やる！ … 22
- CASE 2 ウイークリーページを駆使して自分と娘の予定を"見える化" … 24

仕事のお悩み別！あなたにピッタリの手帳ガイド＆使い方テク

1. マンスリー手帳 … 26
   スケジュールに余裕を持って進めたい！
2. レフト手帳 … 28
   やり忘れなどのミスをなくしたい！
3. バーチカル手帳 … 30
   予定に追われず自分の時間も確保したい！
4. ガントチャート手帳 … 32
   仕事と家庭とを上手に両立したい！

職業別・仕事で信頼される女性の秘密のノート

- CASE 1 イラストレーターのノート
  ビジュアル・ノートで学びが定着 … 34
- CASE 2 社長秘書のノート
  業務マニュアルノートでミスがゼロに … 38

CHAPTER 2 「なりたい自分」にどんどん近づく 夢をかなえる編

教えて！夢＆目標がかなう手帳の書き方

CONTENTS

CASE 1　資格勉強手帳
勉強記録を続け、1年前倒しで合格 … 42

CASE 2　ダイエット手帳
毎日の記録をすべてインスタで公開 … 46

CASE 3　ダイエット手帳
習慣管理、体重グラフでリバウンド知らず … 48

CASE 4　マネー手帳
使ったお金を徹底的に"見える化" … 50

CASE 5　マネー手帳
"超簡単家計簿"で「1日2000円家計」に … 52

自分をもっと大切にする
「手帳タイム」を始めよう！
行動につなげる時間で、やりたいことをかなえる … 54
手帳タイムは、疲れた自分の心を整える時間です … 56

CASE 1
夢を実現　目標達成　スキルアップ
私たち、このノートでかなえました！
アイデアが尽きなくなる
"心が動いた瞬間"の貯金ノート … 58

CASE 2
朝10分の書く習慣で
行動スイッチオンノート … 62

CASE 3
多数の業務が同時進行しても慌てない
やること一目瞭然ノート … 64

CASE 4
ノウハウを余さず学び取る
"完コピ"ノート … 66

1万2000人の行動を分析した専門家がオススメ
永谷式「できたことノート」を始めよう … 68

CHAPTER 3
書くだけで充実感を味わえる
日々の記録編

CASE 1　1日3分割日記
振り返りの習慣で日々の前進を実感 … 76

CASE 2　自分磨きアポ
やりたいことの実行率がアップ！ … 78

書くだけで充実！のコツ
手帳で「幸せと成長」を実現中です

CASE 1
家計管理上手のマネーノートを公開！
家計の見える化で使いすぎ防止！
オリジナルの記入シートを作りました … 80

CONTENTS

CASE 2 貯まる家計を模索中！
作り置きシートで食費を管理 … 84

すきま時間に学び続けている人の「勉強ノート」を拝見！

CASE 1 モチベーションが上がる！
韓国語勉強ノート … 88

CASE 2 記憶に残る！
日本史勉強ノート … 92

脱・三日坊主！「手帳が続かない」問題、これで解決 … 96

人気文具メーカー女子が誌上プレゼン 仕事＆人生を輝かせるノート

BRAND 1 コクヨ
ラクに持ち運べて、毎日が充実するノート … 100

BRAND 2 デザインフィル
カラー用紙でモチベーションと発想力がアップ！ … 102

BRAND 3 プラス
情報をまとめやすく見やすい

BRAND 4 リヒトラブ
「A4の1/3」サイズ … 104

BRAND 5 マークス
付箋を並べ替えてアイデアを形にしやすい横型タイプ … 108

BRAND 6 コクヨ
思考の幅を広げる見開きA3の大判サイズ … 110

CHAPTER 4 毎日がうまく回りだす 箇条書き手帳編

働く女性の進化系「箇条書き手帳」で毎日がもっとうまくいく！ … 114

CASE 1 日々できたことを書き残すことで普通の毎日に達成感が生まれました … 120

CASE 2 フォーマットを作る "無駄な" 時間こそ自分と向き合える時間 … 124

CHAPTER 1

職場で信頼される人になる

仕事力アップ編

あなたの手帳、なんとなく選んで、ただ予定を書き込むだけになっていませんか？ 自分に合った手帳やノートを選んで上手に活用すれば、仕事の効率が上がり、プライベートも充実します。手帳やノートで仕事力や信頼感をアップさせている人たちに、そのヒントを教わりましょう！

FOR WORKS

> 職業別に6人登場！

手帳で"仕事力アップ"するコツ

仕事もプライベートも輝いている女性は、手帳の使い方にも一工夫あり！ そんな彼女たちに、仕事のあるあるお悩みを手帳でどう解決しているのか、教えてもらいました。

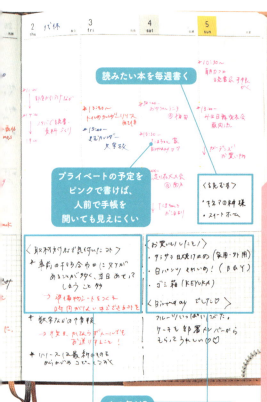

読みたい本を毎週書く

プライベートの予定をピンクで書けば、人前で手帳を開いても見えにくい

やる気UP

プライベートのお楽しみを書きモチベーションをアップ！

週末にプライベートでやりたいことや、買ってよかったモノ、楽しかったことを記録。「"お楽しみ欄"を作れば、『週末のために、この予定やTO DOをやり抜こう！』と思えます」。

Case 1

仕事の目標を達成したい！

こう解決！ >>> 広報のanswer

週1回、手帳に書いて振り返りの時間を持つ

いろは出版 広報担当
園田ほずみさん(29歳)

手帳とは自問自答するためのツールです

この手帳を愛用！
時間軸を自由に書けるバーチカルタイプの「SUNNYスケジュール手帳」

CHAPTER 1　FOR WORKS

仕事力アップ編

仕事が回る

**予定は8割程度に抑え
色分けで優先順位を明確に**

急な割り込み仕事にも対応できるよう、予定は8割程度に抑える。手帳もデジタルも予定を色分けし、優先順位を意識する。

【色分けのルール】
黒…優先度が低めの予定
青…優先度が高めの予定
赤…重要な予定
ピンク…プライベート

マンスリー　Googleカレンダー

お気に入りの手帳文具

緑をピンクのインクに交換した4色の「フリクションボール」と、「ジェットストリーム」のボールペン。

- 仕事の予定は時系列に書く
- プライベートの予定を書く
- TO DO を書く
- メモ、気づき、やるべきことを書く

Weekly type

仕事が回る

**気づきやアイデア、
やるべきことを
メモして実行へ**

仕事での気づきやアイデア、反省点などは下段のメモ欄に書く。そこからやるべきことや目標、改善点などを考えて赤で書き込み、翌日以降の広報活動につなげる。

入社後、通販の販促部門で働いていたが、自社商品の良さを幅広い層にPRする必要性を感じ、広報部門を1人で立ち上げた園田ほずみさん。だが結果が出ず、社内にも認められない日々が続いた。そんなうつうつとした時期をサポートしたのが手帳だ。「週末に『広報とは何か』『自分に足りないものは?』などと、手帳の後ろのノートページに書いて自問し、その答えを広報活動につなげました」。
そのかいあって、1年で商品が100回以上もメディアで取り上げられた。社長にも認められ、名刺に「広報」の肩書を入れてもらえた。「今後も手帳でやりたいことを実現させます!」

Case 1 園田さんの手帳

メモページに"自分"を徹底して記録!

How to use Note Page

目標達成
自己分析や広報の役割をまとめて振り返る

ノートページには、広報の役割や自己分析、本やセミナーから学んだことなどを、週末に自由に書き込む。「定期的に自分の考えや感じたことを自問自答しながらまとめれば、自分と向き合う時間になり、翌週の仕事に前向きに臨めます」。

同じ手帳を使うなら

SUNNYスケジュール手帳 ウイークリー 2019
サイズ／H19.4×W14×D1.9cm (B6)
重さ／200g
価格／2900円
問い合わせ先／いろは出版

コレも使っています!

「自分への取材手帳」で1カ月を振り返る

月末にブロガー・はあちゅうさんの著書『自分への取材が人生を変える』を読み、『自分への取材手帳』(いずれもピースオブケイク)に、仕事や健康といった1カ月の出来事を書いて振り返る。

CHAPTER1 FOR WORKS

仕事力アップ編

巻末ページで目標達成！

1冊まるごとフル活用！

Other Page

大切にしたい言葉リスト

心に響いた言葉をメモする

本や友人から言われたことで心に響いた言葉や名言をメモ。うれしかったことや忘れたくないことも書き込む。「後で見直すと、落ち込んでいる自分を励ましてくれたり、明日からまた頑張ろうと思えたりするんです」。

願い事リスト

目標、夢、希望を書いて自分に意識させる

巻末の「マイウィッシュリスト」には、仕事やプライベートの目標や夢、希望を記入。見返せば目標などを意識でき、高いモチベーションでTO DOに取り組める。目標を達成したら赤で日付を記入。「達成感を得られます」。

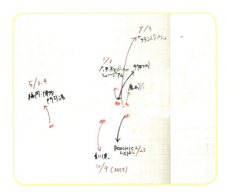

行きたいところマップ

日本地図に行きたい場所と行った日付を記録しプライベートを充実させる

行ってみたい旅先や美術館、パン屋さんなどを、巻末の日本地図に書き込み、実際に足を運んだ日付を赤で書く。「願望を視覚化すれば、空き時間などに行こうかなと思うようになり、行動に結びつきやすくなりました」。

Monthly Page

商談は赤の下線で目立たせる

プライベートは緑字で

Case 2

いろんな仕事に追われて
やりたいことができない…

こう解決！ >>> 起業家のanswer

1ヵ月は前半と後半に、1週間は各曜日でやることを分けて時間管理

宙 代表取締役
高塚苑美さん(41歳)

手帳とは未来を作るものです！

この手帳を愛用！
「シャルム」はコンパクトですが、マンスリーとウイークリー共にタスクが書きやすいです。

お気に入りの手帳文具

手帳の書き込みには「ジェットストリーム」の4色ペンを使用。お礼状を書くための筆ペンや万年筆、折り畳み式のミニハサミも常備する。

輸入車の営業担当を経て、現在はコンサルティング会社をはじめ、4つの会社を経営する高塚苑美さんが実践するのが、「月を前半後半に分け、内容ごとに予定を振り分ける」という方法。「前半は商談など、最も重要な"売り上げ"に関わる予定を入れます。前半に入

CHAPTER 1　FOR WORKS

仕事力アップ編

ダンドリ

2週間に1日、"予備日"を設定し、業務の遅れを取り戻す時間をつくる

突発的な変更や業務の遅れにも余裕を持って対応できるよう、2週間に1日は"予備日"を確保。「特に遅れやトラブルがなければ、進めておきたい作業に早めに着手します」。

月の前半は、商談など売り上げに関わる案件を入れる

月の後半は、社内の案件や日時の調整が可能な案件を入れる

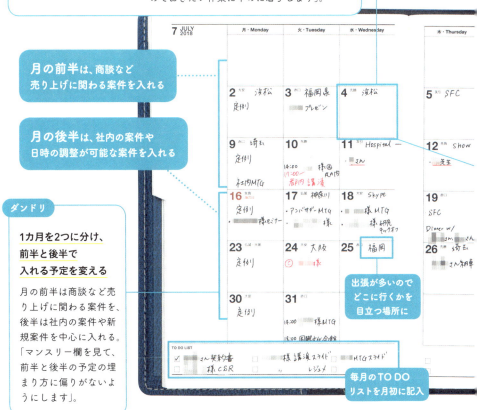

出張が多いのでどこに行くかを目立つ場所に

毎月のTO DOリストを月初に記入

ダンドリ

1カ月を2つに分け、前半と後半で入れる予定を変える

月の前半は商談など売り上げに関わる案件を、後半は社内の案件や新規案件を中心に入れる。「マンスリー欄を見て、前半と後半の予定の埋まり方に偏りがないようにします」。

お礼用のハガキはいつも手帳に挟んでスタンバイ

外出先でもすぐ書けるよう、手描きイラスト入りのお礼用のハガキを挟んでおく。

れるのは、数字が目標に届かない場合に、後半で巻き返せるようにするため。月2回は、業務の遅れを取り戻すための"予備日"も設けます」。さらに週単位で「外出する日」「考えをまとめる日」を設けることで効率をアップ。「戦略的に予定を先に割り振ることでムダがなくなり、未来のために時間を使えます」。

Case 2 高塚さんの手帳

ノートは「エディターズシリーズ 365デイズノート」を愛用中！

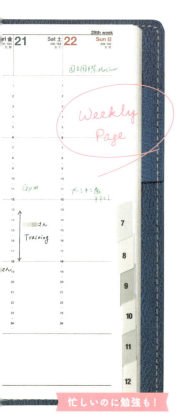

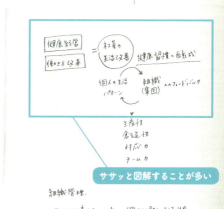

Notebook

ササッと図解することが多い

忙しいのに勉強も！

勉強時間はあらかじめブロックしておく

資格取得の勉強に使いたい日は、あらかじめ「勉強する」と書き込んでブロック。「うっかり予定を入れてしまわないよう、部下と共有のGoogleカレンダーにも入れます」。

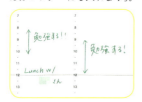

スッキリ

方眼ノートを手帳と一緒に持ち歩き、頭の中を整理

移動中に思いついたことを書いたり、思考の流れを整理したりできるよう、方眼ノートを持ち歩く。「進行中のプロジェクトの流れや自分の考えを、分かりやすくチャート化します」。

仕事力アップ編

CHAPTER 1　FOR WORKS

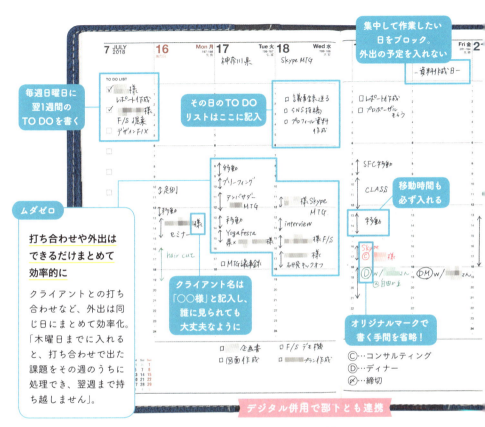

毎週日曜日に翌1週間のTO DOを書く

その日のTO DOリストはここに記入

集中して作業したい日をブロック。外出の予定を入れない

ムダゼロ
打ち合わせや外出はできるだけまとめて効率的に
クライアントとの打ち合わせなど、外出は同じ日にまとめて効率化。「木曜日までに入れると、打ち合わせで出た課題をその週のうちに処理でき、翌週まで持ち越しません」。

クライアント名は「〇〇様」と記入し、誰に見られても大丈夫なように

移動時間も必ず入れる

オリジナルマークで書く手間を省略！
Ⓒ…コンサルティング
Ⓓ…ディナー
㊅…締切

デジタル併用で部下とも連携

同じ手帳を使うなら

No.358 シャルム 8
サイズ／H18.2×W12.8×D1cm（B6）
重さ／280g
価格／1650円
問い合わせ先／高橋書店

Googleカレンダーで部下にスケジュールを公開

部下とのスケジュール共有は、スマホでも確認できるGoogleカレンダーを活用。「空き時間に打ち合わせや会議の予定を入れられるようにし、予定を確認し合う時間を短縮」。

予定を入れてほしくない日は、"ブロック"と入れる

大の"シロクマ"フリーク。シロクマに関するグッズは見つけたら即買い。気分のアガるものを使えば、勉強も楽しく!

モチベーション

大事な予定にはシール。特に頑張った日にはぷっくりシールを貼る

月の予定を見渡しながら"頑張りどころ"を見極め、重要な日にシールを貼る。実際に「頑張った日」はぷっくりシールを貼って自分を褒め、自己肯定感アップ。

月や週をまたぐTO DOは、移動できるように付箋に書く

Monthly Page

Case 3

仕事と勉強との両立に自信がない…

こう解決! 〉〉〉 **人事**のanswer

仕事と勉強の予定の見える化で、自己肯定感を下げない工夫を!

エン・ジャパン
人材活躍支援事業部
チームリーダー
南條 夏さん(30歳)

手帳とは成長の証しであり、心の友です!

この手帳を愛用!
尊敬する上司が使っていたバーチカルの「ジブン手帳」に、バンドになるペンケースを。

エン・ジャパンで社員研修の企画や運用を担当する南條夏さんは、キャリアコンサルタントの勉強と、仕事のスケジュールを手帳で一元管理している。「資格取得の勉強は長期戦。仕事と並行しながらどちらにも意欲的に取り組むには、モチベーションのコントロー

お気に入りの手帳文具

3色の「フリクションボール」(0.38mm)と「スタイルフィット」(0.28mm)などを愛用。線を引くのはパステルカラーのフリクション。

仕事力アップ編

CHAPTER 1　FOR WORKS

\ Weekly Page /

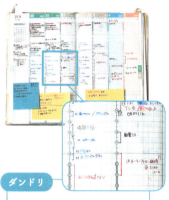

ダンドリ
重要な仕事は赤で書き優先順位を明確にする

社員に毎月アンケートを行い、その結果から抽出した課題に応じて仕事を組み立てる。最優先すべき重要な仕事は赤で目立たせ、脳にしっかりインプット。

同じ手帳を使うなら

ジブン手帳
ファーストキット
スタンダードカバータイプ

サイズ／H21.7×W13.6×D2cm
　　　　（A5スリム）
重さ／400g
価格／3800円
問い合わせ先／コクヨ

モチベーション
重要な仕事の予定と、勉強した記録を書く

「仕事と勉強は互いにリンクしているもの。あえて色分けせず、大事なことは赤で記入」。勉強にかけた時間を左下に数字で記録すれば、進捗が一目瞭然。

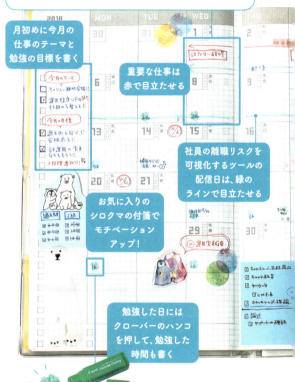

- 月初めに今月の仕事のテーマと勉強の目標を書く
- 重要な仕事は赤で目立たせる
- 社員の離職リスクを可視化するツールの配信日は、緑のラインで目立たせる
- お気に入りのシロクマの付箋でモチベーションアップ！
- 勉強した日にはクローバーのハンコを押して、勉強した時間も書く

ルが大切だと考えました」。そこで、手帳のマンスリーページを使って両方の状況を"見える化"。「勉強がはかどらずにモヤモヤしたときでも、手帳を見れば『今週は研修の実施を頑張っていたからだ』と原因が分かり、納得できる。自己肯定感を下げず、前向きな気持ちをキープしたまま、勉強と仕事を両立できます」。

バランス

過去のTO DOリストは頑張った証し

毎朝、その日のタスクをリストアップ。「古いものは手帳から外し、会社のデスクに保管。頑張った証しにしています」。

研修内容をメモページに清書して見返す

研修やセミナーの内容から、重要な箇所を抜粋。移動中などに見返す。「清書すると頭に入りやすくなります」。

元気になるような心に響いた言葉を記録

ネットや本で見つけた心に響く言葉を記録し、読み返す。「英語の勉強も兼ねて、日本語と英語の両方で書き留めます」。

お気に入りの手帳文具

手帳に挟むのは、人前で出しても恥ずかしくない上品なデザインのボールペン。色分け用の4色ペンや蛍光ペンはペンケースに入れて持ち歩く。

Case 4
仕事もプライベートも充実させたい

こう解決！ >>> 営業企画のanswer

ONとOFFを細かく色分け！カラフルさで心身のバランスを見る

不動産管理・営業企画
井原千恵さん（仮名・30歳）

「手帳とは心身を整えるものです！」

この手帳を愛用！
「Bindex」のマンスリーとウイークリー、メモのリフィルを、「ケイト・スペード ニューヨーク」のシステムバインダーに。

仕事とプライベートを細かく色分けして手帳に書き込むことで、「心身のバランスを整えています」と言う井原千恵さん。「色分けすれば、1カ月を振り返ったときに自分がどんなふうに過ごしたかがひと目で分かる。ONとOFFのどちらも充実していたと実感できると、気持ちが落ち着きます」。

心に響いた名言や勉強したことを書いたり、TO DOリストを作成したりと巻末のメモページもフル活用。「時間があるときに読み返し、身に付けた知識や達成できたことを再確認。『これだけ頑張ってきたんだ』と満足感が得られます」。

仕事力アップ編

CHAPTER 1　FOR WORKS

大事な予定は
シールで目立たせる

退社時間を記録し、
残業しないように
意識させる

プライベートの予定を書いて
モチベーションを上げる

Monthly Page

【色分けのルール】
黒…社内の予定
ピンク…プライベート
赤…社内の人との集まり
緑…外出
紺…勉強
オ…旅行
鉛…食事内容

バランス

仕事とプライベートの予定を色分けし、両者のバランスが一目瞭然

仕事とプライベートのバランスがひと目で分かるよう、仕事は黒、習い事は青、遊ぶ予定はピンク…と色分け。「仕事ばかりしていると真っ黒なページになるなど、オンとオフのどちらかに偏っていないか、自分の状態を客観的に判断できます」。

同じ手帳を使うなら

Bindex 月間＆週間ダイアリー1 カレンダー＋レフト
サイズ／H17.1×W10.1cm（B6変形）
重さ／110g
価格／1420円
問い合わせ先／日本能率協会マネジメントセンター

Weekly Page

Note Page

**デザインの
イメージを描いて
メンバーに
説明する**

ウェブサイトなどのデザインをノートに描き、それを見せながらメンバーに指示を伝えることも。

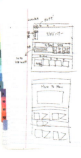

マネジメント

**面談での気づきを書き、
仕事を依頼するときの参考に**

後ろのページには、月1回行うメンバーとの面談内容を記録。「『やる気がある』などのメンバー1人ひとりの情報を一覧にし、誰にどんなタスクを任せるかを考えます」。

Case 5

チーム力をアップさせたい！

こう解決！ >>> **管理職のanswer**

メンバーの情報を一覧にし、タスクをいつ誰に頼むかを考える

ボルテージ シニアアートディレクター
デザイン共通本部 マネジャー
森井理詠さん(35歳)

この手帳を愛用！
ロフトでひと目ぼれしたアメリカ製の大判タイプに、シールタイプのマンスリーを貼る。

手帳とは
気分が上がる
仕事ツールです！

**お気に入りの
手帳文具**

手作業で生産され、表紙デザインが独創的な「マイケル・ロジャー」のノートと、無印良品の「アルミ丸軸万年筆」。

恋愛シミュレーションアプリの製作会社でデザインチームを率いる森井理詠さんは、マンスリーシールを貼ったノートを手帳として使う。予定だけでなく、仕事に関する情報をたくさん書き込み、1冊にまとめたいからだという。「メンバーにお願いするタスクや、

CHAPTER 1　FOR WORKS

仕事力アップ編

マネジメント
メンバーの誕生日を記入し、言葉をかける

マンスリーには、メンバー全員の誕生日をイラスト付きで記入。「誕生日を祝ってもらえるのは誰でもうれしいもの。日々のコミュニケーションの積み重ねが信頼関係につながります」。

Monthly Page

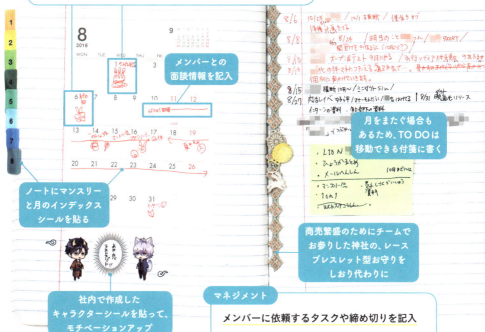

- メンバーとの面談情報を記入
- ノートにマンスリーと月のインデックスシールを貼る
- 社内で作成したキャラクターシールを貼って、モチベーションアップ
- 月をまたぐ場合もあるため、TO DOは移動できる付箋に書く
- 商売繁盛のためにチームでお参りした神社の、レースブレスレット型お守りをしおり代わりに

マネジメント
メンバーに依頼するタスクや締め切りを記入

朝イチのミーティングや毎週水曜の会議などで発生したタスクや締め切りを、右ページに記録。メンバーへの指示モレや、伝達ミスを防ぐ。

月1回の面談内容、全員の誕生日もすべて記録しています」。

「メンバーとコミュニケーションを図るツールとして利用し、マネジメント力を高めた結果、昇格。部下は5人から10人に増えた。「任せる仕事が増え、さらに的確な指示でチーム力を上げるためにも、なくてはならない1冊です」。

同じ手帳を使うなら

カスタムダイアリーステッカーズ
サイズ／H17.7×W13cm（A5）
価格／880円
問い合わせ先／グリーティングライフ

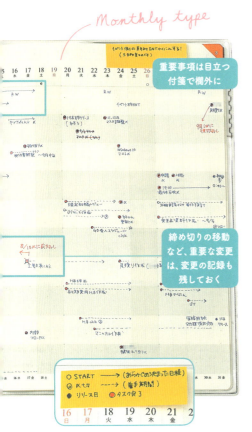

Monthly type

重要事項は目立つ付箋で欄外に

締め切りの移動など、重要な変更は、変更の記録も残しておく

書き込みルールは付箋に
プロジェクトのスタートは〇印、締め切りは◎印など、仕事のスケジュールをアイコン化。アイコンの意味を付箋で貼っておく。

Case 6

タスクに追われて、残業が増えてしまう…

こう解決！ >>> **進行管理**のanswer

ガントチャートで流れを見える化したら残業減！ONもOFFも余裕が生まれた

人材広告会社
プロジェクト進行＆
運営調整マネジメント
林 花恵さん(32歳)

手帳とは安心をくれる存在です

この手帳を愛用！
「ダブルマンスリーガントチャートダイアリー」は、「プロジェクトを書き込む欄の数が多くて、気に入っています」。

人材広告会社で商品サービスの業務フローを策定したり、進行をメンバーと共有したり、"交通整理"やマネジメントを任されている林花恵さん。以前は、仕事が多様でタスクに追われる日々だった。
そこで、昨年の10月から使い始めたのがガントチャ

お気に入りの手帳文具
ボールペンはフリクションを2色だけ使用。メインの文字は、好きな色である青。タスク終了の塗りつぶしに赤を使用。

仕事力アップ編

CHAPTER 1　FOR WORKS

時短

"考える期間"も破線でスケジュール化する

「検討する期間を『これくらい欲しい』と長く取っていたことが、仕事量を多くした原因のひとつ。他のプロジェクトのスケジュールとのバランスで『これくらい取れる』と期限を決めたら、仕事が回りだしました」

毎日のルーティン作業は表にしておく

出社後のメールチェックなど、毎日行う作業を表にして見える化することで、考えずに動けて、作業効率が大幅にアップ。紙は表紙カバーに挟んでおく。

同じ手帳を使うなら

ダブルマンスリー ガントチャートダイアリー
サイズ／H21.5×W15.5×D0.6cm (A5)
重さ／191g
価格／950円
問い合わせ先／アートプリントジャパン

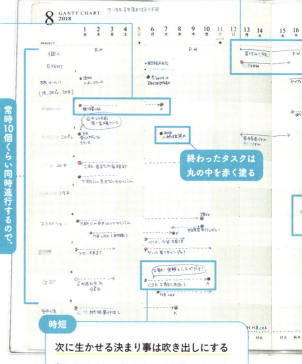

休みの予定はいち早くブロックしておく

常時10個くらい同時進行するので、項目欄が多い手帳がGOOD！

終わったタスクは丸の中を赤く塗る

時短

次に生かせる決まり事は吹き出しにする

「四半期ごとに同じタスクが発生したり、同様の案件を多く担当したり。繰り返しの多い仕事については、作業のルーティンや気づいたことのなかから次に生かせることを、吹き出しで目立たせ、見返します」

ートタイプの手帳。縦にプロジェクトを並べて書き込んだら、後に回していい仕事や検討期間を短くしても差し支えない仕事などを把握できた。「おかげで残業時間が減り、趣味や勉強など自分のために時間を使えるようになりました。新しい仕事にも意欲的にチャレンジしています」。

> 忙しくてもON/OFF充実！

"ワーママ手帳"の秘密

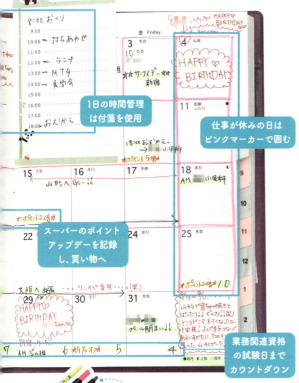

1日の時間管理は付箋を使用

仕事が休みの日はピンクマーカーで囲む

スーパーのポイントアップデーを記録し、買い物へ

業務関連資格の試験日までカウントダウン

お気に入りの手帳文具
「ご当地キティのボールペンを集めるのが趣味。赤字はジェットストリームで。太さは滑らかに書けて、字もはっきり見やすい0.5mmに」

仕事と育児とを両立する
ワーキングマザーを取材。
時間に追われがちな
彼女たちの無理＆ムダのない
手帳活用術を
見せてもらいました！

Case 1

保育園児 2人のママでも やりたいことは 全部やる！

損保ジャパン日本興亜ひまわり生命保険
事業企画部
ダイレクトコミュニケーション室　主任
加藤千夏さん(35歳)

夫、息子など、家族別に予定を書けるページがある、「T'ファミリー手帳」を使用。「マンスリーページが日曜始まりなのもお気に入りポイント」。

子供は2歳と5歳の男の子

加藤千夏さんは2児の母。育児と仕事に追われる毎日だが、手帳で家族の予定を管理し、すきま時間で資格の勉強や映画鑑賞など、自分のやりたいことも実現する。「夫の出張や保育園の行事、病院などは、早めに確認してマンスリーに書き込むことで、勉強時間がどれだけ取れるかなどの見通しもつき、計画的に過ごせます」。スーパーの割引情報もメ

仕事力アップ編

CHAPTER1 FOR WORKS

Monthly type

これで両立！
ON／OFFの予定も やりたいことも一覧で！

お迎え時間、夫の出張、資格試験日、ご褒美リスト、子供との思い出など、マンスリーページに情報をまとめ、一覧できるように。「書き切れないことは付箋でカバーします」。

育児でうれしかったこと、気づいたことを空きスペースにメモ

頑張った自分へのご褒美リストで気分アップ！

ワンオペ育児で大変ななか、手帳はいつ書くの？

通勤中の電車の中！

通勤電車の25分間は貴重な手帳タイム。「始発駅なので座って通勤しています。朝、夫とシェアした予定を書いたり、朝のニュースで見た映画情報をメモしたり。手帳を書いて頭の中を整理します」。

見たい映画や本を忘れないようメモ

忘れてはいけない予定は黄色マーカーで目立たせる

同じ手帳を使うなら

No.441
T'ファミリー手帳1
サイズ／H18.2×W12.8×D1.5cm（B6）
重さ／160g
価格／1250円
問い合わせ先／高橋書店

モし、買い物もお得な日を狙う。時間管理だけでなく、ご褒美リストや子供との思い出も手帳の片隅にメモすることで、「すきま時間に手帳を見返したとき、心が潤います」。手帳はずっとアナログ派。「手間はかかりますが、書くと予定が頭に入るので結果的に効率がいいです」。

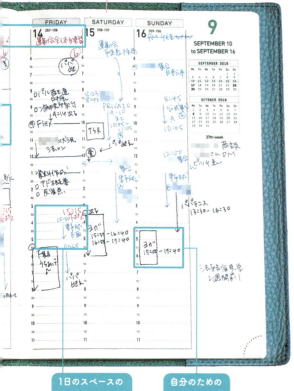

Weekly type

1日のスペースの右側半分に娘の予定を水色で書く

自分のための時間もしっかり確保

Case 2

ウイークリーページを駆使して自分と娘の予定を"見える化"

オリックス・クレジット
営業第一部推進チーム
アシスタントマネジャー
香川有紀さん(47歳)

「アクションプランナー」を10年以上愛用中。「ウイークリーページの時間軸が1目盛り30分刻みなので、細かく時間管理ができるのが◎」。

子供は9歳の女の子

お気に入りの手帳文具

「フリクション」のネイビー0.38mmをメインで使用。「他は、ピンク、水色と色分けを最小限にし、ペンを探す手間を省きます」。

「アクションプランナー」手帳を10年以上使っている香川有紀さん。仕事の予定は、移動や準備も含めて必要な時間を四角く囲み、予定を"面"で意識。TODOも時間を決めて書き込み効率良くこなすなど、手帳で仕事の効率をアップさせる。

私生活では子供が高学年になり、学童保育が終了。自身も時短勤務からフルタイムに戻ったため、親子で生活が変化。「娘の塾や習

仕事力アップ編

CHAPTER 1　FOR WORKS

これで両立！

自分と娘の予定を見開きで一元管理

1日のスケジュール欄を2分割し、自分の予定はネイビーで左側に、娘の予定はピンク＆水色で右側に記入。「ウイークリーページを開けば、自分と娘の予定がパッと分かります」。

> 何時間授業かを書くと、下校時間が明確に

> 娘の学校の予定表を見ながらイベントなどを記入

> 在宅勤務や残業する日をメモ

> デスクワークは、いつからいつまでに何をするかを明確に

> 決まっている予定は囲って"面"で把握する

学童保育がない放課後はどう管理？

娘にも手帳を持たせ、時間管理ワザを伝授！

「娘も塾や習い事の予定を手帳で管理。『今日は何をする日？』と聞かれなくなりました。日曜日に一緒に手帳を書くのが、親子の絆につながっています！」

同じ手帳を使うなら

アクションプランナー
サイズ／H21.7×W15.7×D1.3cm（A5）
重さ／約300g
価格／3700円
問い合わせ先／イー・ウーマン
※「合皮ベージュタイプ」の場合

い事が増え、曜日によって下校時間も違うので、放課後が見えず不安でした」。そこで、ウイークリーページの1日分のスペースを2分割し、自分の予定は左側、娘の予定は右側へ。下校時間や塾の予定を書き、何をしているかが明確に。「安心して仕事に集中できます」。

> 仕事のお悩み別！

あなたにピッタリの 手帳ガイド&使い方テク

2019年こそ、手帳を使いこなしたい！ それなら、解決したい悩みに合わせて選んでみて。手帳の種類の解説と、使いこなしテクを編集部が紹介します。

テク① 休日をペンで囲み営業日を見える化
締め切りまでの日数をマスの数で視覚的に捉えるため、土日を挟むと余裕があると錯覚しがち。休みの日を蛍光ペンで囲み、営業日を分かりやすくしよう。

テク② 前倒しで「MY締め切り」をつくる
締め切りなどのスケジュール管理は、甘く見積もってしまいがち。実際の締め切りの2〜3日前を目標とする「MY締め切り」をつくって、手帳に記入しよう。

テク③ 「頑張るDAY」で他の予定をブロック
頼まれ事を引き受けすぎて、スケジュールが乱れがちなら、重要な締め切り前に1日「頑張るDAY」を決め、他の予定が入らないようにブロックを。

テク④ 平日夜の予定は色で囲み目立たせる
夜の予定を手帳に目立たせて書き込むことで、「残業できない日」を意識。締め切りまでの残り時間の"短さ"が見える化され、効率を考えるのに役立つ。

テク⑥ 締め切りに「時間」を設定する
「○日中」と、時間指定がない仕事でも、上司などに「何時までが理想ですか？」と聞き、時間を設定。締め切り時間を明記することで、守る意識が高まる。

テク⑤ 上司の不在は予定に書き込んでおく
相談が必要だったり、承認をもらったり…。そんな上司の不在で、作業がストップすることも。確認作業が必要な仕事は、上司など相手の予定も記入を。

CHAPTER 1　FOR WORKS

仕事力アップ編

スケジュールに余裕を持って進めたい！
マンスリー手帳

どんな手帳？

見開き1カ月のカレンダータイプ。1カ月の予定を俯瞰して見られる、最も人気の高い手帳。スケジュールページが12見開きで完結するため、軽くて持ち運びに便利な点も人気。巻末のノートページが多いタイプのものも。

休日の予定は付箋でさりげなく隠して

仕事の場で開いたときに、休日の予定も丸見えになるのが難点のマンスリー手帳。マスにぴったりの付箋を貼って、人から読めないようにすると安心。

ココフセン カード PATTERN
水彩 SH 500円／カンミ堂

Monthly type

この手帳で再現！

2019 KUMダイアリー
サイズ／H17.5×W14×D4.5cm（手帳はA6）
重さ／170g
価格／2500円
問い合わせ先／レイメイ藤井

ダブルジップのカバーの片側は、ペンケースに。

やり忘れなどのミスをなくしたい！
レフト手帳

どんな手帳？

左が1週間分の日付入りの書き込み欄、右がノートになった手帳は、各手帳メーカーが「今、売れている」と太鼓判を押す、万人に使いやすい手帳。1週間の書き込みスペースが広く、ノート代わりに使いたい人に人気。

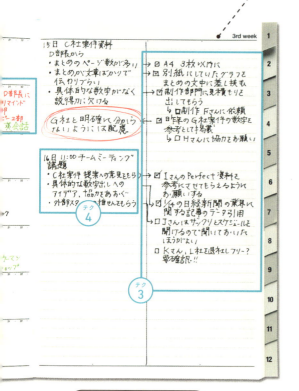

ウイークリー

メモをたくさん書けるが、仕事で使う場合は「社内のことのみを書く」と決め、社外の人との打ち合わせでは開かないようにすると、見られていいか悪いかを気にせずに書ける。

テク① 予定と一緒にTO DOリストを作っておく

時間と予定を書くだけでなく、それに紐づくTO DOを、チェックボックス付きで書いておく。会議室の予約など、忘れがちな小さなタスクも。

テク② 前日までの確認案件は矢印で明確に示す

TO DO自体は「17日」の案件に紐づいていても、前日までに終わらせなければいけない準備は、矢印で分かりやすく「16日」に紐づけて、やり忘れを防止。

テク③ ノートページの半分に派生したTO DO欄を

右のノートページには、その週の打ち合わせなどの議事録などを。その際に、縦に2等分するように線を引き、右に、話し合いで派生したTO DOを書こう。

テク④ 打ち合わせ前に議題を書き出しておく

打ち合わせや会議の前に、議題をノートページの左半分に書き出しておくと、自分の意見を事前に準備でき、より建設的な話し合いをできるようになる。

仕事力アップ編

CHAPTER 1　FOR WORKS

Monthly Page

マンスリー

アポイントなどのスケジュールは、すべてマンスリーページに記入し、社外の人の前で予定調整するときは、マンスリーのみを開こう。

テク⑤ 四角くブロックし作業時間を確保

アポイントや会議など、時間が決まった予定で埋めてしまいがちなスケジュール。考えたり、PC作業したりするための時間は、色ペンでブロックしておく。

Weekly Page

付箋タイプのメモで"転記ミス"を防止

仕事で手帳を使う際に、起こりがちなのが転記ミス。付箋になったメモパッドを日常使いし、転記せずにそのまま手帳に貼ろう。

MD 付せん紙〈A7〉無罫 700円／デザインフィル

この手帳で再現！

No.352 シャルム 2
サイズ／H18.2×W12.8×D1.4cm（B6）
重さ／270g
価格／1650円
問い合わせ先／高橋書店

29

予定に追われず自分の時間も確保したい！

バーチカル手帳

どんな手帳？

見開き1週間。1日ごとに、縦に時間軸になっており、予定を時間単位で管理しやすい。1日の時間の使い方が見える化できるので、予定がたくさん入る人だけでなく、時間の使い方がうまくなりたい人に人気。

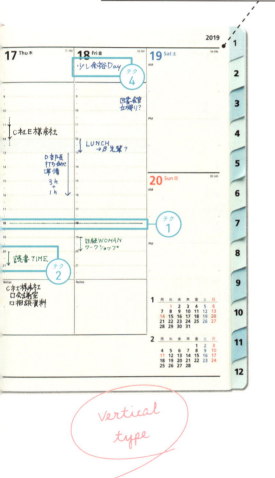

vertical type

テク① 定時に線を引き退社目標を明確に

時間があるから…と、ついつい残業してしまう人は、退社時間を意識して仕事できるように、1週間の初めに、「定時」に定規で線を引く。実際にその時間に帰れなくても、仕事を終わらせる意識が高まる。

テク② プライベートのやりたいことも予定に

読書や勉強など、後回しになってしまいがちな自分の時間も、時間軸で予定として書き込んでしまうことで、実現しやすくなる。疲れているときは、あえて「ゆっくり休む」時間を、週の真ん中に予定して。

テク③ 自分の時間にやることをリストにしておく

ただ「読書タイム」をスケジュールに入れるだけでなく、その時間に読みたい本を欄外にリスト化しておくなど、その週の「自分時間」に行うことを具体的に書き出しておくと、時間を有効活用できる。

テク④ 余裕があるか忙しいか1日の状況を書く

仕事の予定について、1週間の始まりに、1日のスケジュール欄の一番上に、忙しさの状況を書いておく。比較的余裕がある日が見つかったら、ゆっくり話したい同僚や先輩などとランチといった予定を入れても◎！

CHAPTER 1 FOR WORKS

日の長さが視覚化された手帳で、夜の予定を決める

新発売された日の出と日の入りが色で示された手帳。日が長いからランニングに行こう、ビアガーデンに行きたいなど、ワクワクする予定を立てたくなる。

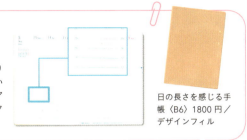

日の長さを感じる手帳〈B6〉1800円／デザインフィル

テク 5 タスクに必要な時間の予測を書いておく

資料作成など、時間があるだけ頑張ってしまいがちな仕事ほど、終わりの時間を自分で決めて予定してしまう。実際にかかった時間を書き込んでおくことで、同様の作業の予定を立てるときの参考に。

テク 6 延長しそうな予定は破線で時間をブロック

時間軸に記入するときは、「延長してしまうかも」「移動に結構かかる」といった、事前に予定されている以上に必要となる可能性がある時間を破線でブロック。予定が押して、スケジュールが破綻するのを防ぐ。

この手帳で再現！

NOLTY キャレル B6 バーチカル1
サイズ／H18.8×W13.3×D1.4cm（B6）
重さ／272g
価格／1700円
問い合わせ先／日本能率協会マネジメントセンター

仕事と家庭とを上手に両立したい！
ガントチャート手帳

どんな手帳？

見開き1カ月で、横に日付が並ぶ手帳。縦に複数の"プロジェクト"を書き込めるようになっており、それぞれの流れを比較しながら書ける。仕事で流れの違う作業を複数管理する人や、仕事と家庭とを両立する女性に人気。

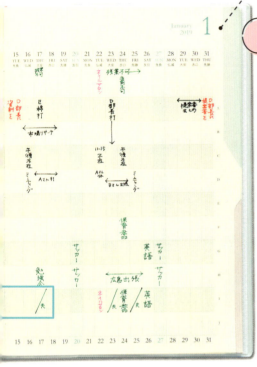

ガントチャート

スケジュールを書き込むだけでなく、毎日ルーティン化したいことを、できた日だけ○をつけたり、体重の折れ線グラフを書いたりする使い方も。

マンスリー

アポイントなど、時間が決まった予定が埋もれがちなガントチャートは、予定をマンスリーの書き込みページで管理するのが必須。

**スリムなガントチャートが登場！
女性のニーズが上昇中!?**

ガントチャートは、プロジェクト管理に使う印象が強かったが、ワーキングマザーが仕事と家庭の両立に使う例が見られるように。女性用の商品も新登場。

ダブルマンスリーガントチャート for Woman ダイアリー 950円／アートプリントジャパン

仕事力アップ編

CHAPTER 1　FOR WORKS

テク
② **家族の予定を1人ずつ書き込む欄を設ける**

夫や子供、あるいは同居の両親など、家族の予定を1人ずつ書いておく。家の予定と仕事とを見比べながら、予定を調整したり、家のことを家族とやりくりしたり、ヘルプを頼んだりと、備えやすくなる。

テク
① **プロジェクトやメンバーの予定を個別に**

手がける仕事の"構成要素"を分けて、1つずつ項目にする。1つのプロジェクトに1項目充てるのはもちろん、上司やメンバーの予定の項目も作ると、どの時期に、何の仕事が回ってきそうか予測しやすい。

テク
③ **仕事の予定の上にプライベートの予定を**

プライベートの予定のなかから、仕事の予定を立てるのに必要な内容だけを、上のカレンダー部分の余白に、ざっくりと書いておく。何度も全体を見渡す必要がなくなり、スケジュール管理をしやすくなる。

テク
④ **定時に帰る必要がある日は「残業不可」と明記**

夫が不在で、子供のお迎えに行かなければならないなど、絶対に定時で帰る必要がある日は、予定を書き込むのでなく、「残業不可」と明記してしまうほうが、長引きそうな予定をブロックする意識が高まる。

テク
⑤ **自分の予定欄を作り楽しい予定を積極的に**

自分の時間を犠牲にしがちな人は、一番下に「MYプライベート」欄を。最初にアフター6や休日に入る、動かせない予定を書き込み、空白となった日に、ピンクで楽しい予定を入れるように心がけてみて。

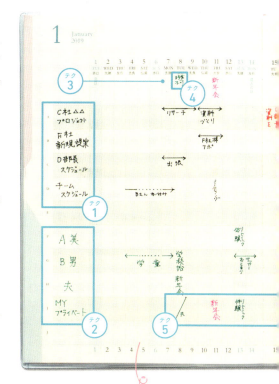

Gantt chart type

この手帳で再現！

ダブルスケジュールダイアリー進行

サイズ／H21.4×W15.2×D0.5cm（A5）
重さ／164g
価格／1500円
問い合わせ先／デザインフィル

33

[ミスがない！] [企画が通る！] [資料が見やすい！]

職種別・仕事で信頼される女性の
秘密のノート

Illustrator's Visual notebook

職種を問わず、仕事で信頼される女性はノートの達人！ 深く理解できて、ミスがなくなり、アイデアも浮かびやすくなります。ON／OFF問わず使えるヒントをご紹介。

Case 1

イラストレーターのノート

ビジュアル・ノートで学びがしっかり定着します

ライブグラフィック／イラストレーター
田辺エリーさん(30歳)
 elie.visualdays

後で整理のために番号をつけた

使っているのは
無印良品の「再生紙ノート・無地」。サイズはB5とA4を使い分ける。

CHAPTER 1 FOR WORKS

アメリカが発祥とされる、絵や図・矢印を多用して1枚の紙に記録するテクニックを、「ビジュアル・ノートテイキング」という名で活用・普及しているのが、イラストレーターの田辺エリーさん。自身も、打ち合わせで記録するとき、イベントの内容をメモするときなどに、この方法を使う。

「"ビジュアル化"で理解が深まり、記憶に残ります」

絵が苦手でも、基本の文字やレイアウトを覚えれば大丈夫。「上手に絵を描くことよりも、オーガナイズ（体系づけ）を意識しながら楽しんで描くと、発想も広がります」。

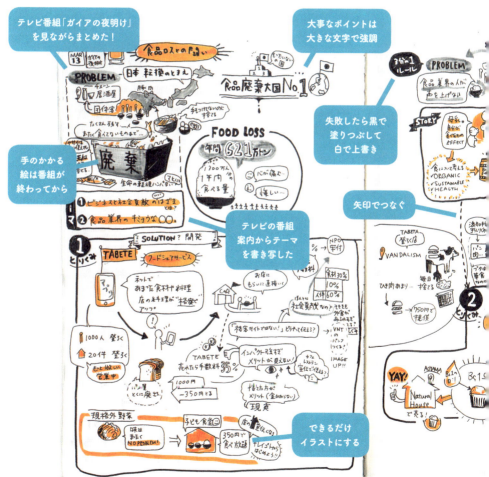

Case 1 田辺さんのノート

これなら
マネできる！

記憶に残る
ビジュアル・ノートの取り方
5つのポイント

① 文字に強弱をつける

「タイトルやテーマなど、重要なことは大きく・太く・濃い文字で。文字に強弱をつけると、見返したときにどれが重要かひと目で分かります」。好きな飾り文字をいくつか覚えておくとメリハリが出る。

重要 ちょっとした説明
BIG IDEA　　　SMALL IDEA

- 目立たせたいものは大きく、太く、濃く
- 気に入った文字をノートにストックする

② 基本のレイアウトを覚える

どこから書き始めてもいいが、迷う場合は「基本は、左上から右下に書く。他にも、中央から放射状に書く、すごろくのように蛇行して書くなど。すごろくは時系列で書くときなどにぴったりです」。

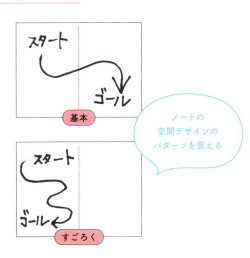

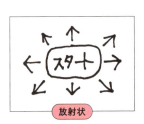

ノートの空間デザインのパターンを覚える

CHAPTER 1 FOR WORKS

レイアウトのキーアイテム

① コンテナ

コンテナ（囲み）を使って文字を囲み、内容をひとまとめにする。

② 線と矢印

線と矢印で、流れや関係性を明確にする。コンテナ同士をつなげるのにも使う。

色は3色まで

「色が多すぎると見づらいので、3色までに抑えるのがオススメ」。エリーさんは太字と細字が書ける黒ペンを基本に、薄墨と墨の筆ペン、黄ペン、黒地の上に書ける白ペンを愛用する。

3色くらいで好きな色を使う

失敗したら黒で塗りつぶして白で書く

イラストを入れる

「イラストを上手に描くことよりも、何を表しているかひと目で分かるアイコンや記号を使い、視覚に訴えることが大切」。手がかかるイラストや図は、ノートを取ったあとに、仕上げとして描き足そう。

アイコン

イラスト

楽しむ！

大勢が集まる会議の記録はもちろん、セミナーや個人的な勉強など学びのノート、テレビ番組や料理レシピのメモまで。活用すれば理解も深まり、何より楽しめる！

仕事力アップ編

Case 2

社長秘書のノート

業務マニュアルノートでミスがゼロになりました

ボルテージ　広報・社長室
田中 翠さん(28歳)

使っているのは
ロルバーンの「ポケット付メモA5」。色はライトピンク。

好きな付箋で気分を上げる

1度ミスしたことは色のペンで書き、2度とミスしないようにする

"ノート書きタイム"は好きなモノと一緒に

ノート書きはカフェで。仕事用のバッグには、お気に入りの付箋やシール、ペンケースなどを入れて持ち歩いている。

かわいいシールをストック

毎日持ち歩くペンケース

仕事力アップ編

CHAPTER1　FOR WORKS

女性向けの恋愛ゲームを開発するボルテージで、会長兼社長と副会長の秘書を務める田中翠さん。スケジュール調整や会議の準備、資料作成など多岐にわたる仕事は、正確さとスピードが大切だ。年初に採用部から異動になり、「早く業務を覚えて、ミスをしたくない」という思いで、業務内容を書き留めるノートを作った。「指示を受けたらすぐに付箋にメモし、あとで業務ごとにノートにまとめてインデックスを付けます」。

マステやシールも活用して、見返すのが楽しいノートに。「タスクの漏れがゼロになり、信頼されてきていると感じます」。

ノートと一緒に付箋と名刺を持ち歩く

巻末のクリアポケットに名刺と付箋をセット。「急に呼ばれても、ノートを持てば準備OKです」。

呼ばれたらすぐに付箋をメモできるようにセット

Secretary's Business notebook

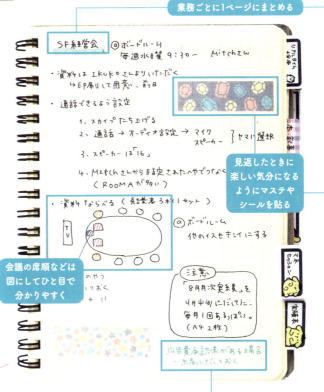

業務ごとに1ページにまとめる

見返したときに楽しい気分になるようにマステやシールを貼る

会議の席順などは図にしてひと目で分かりやすく

備忘録"だけ"の使い方はもう終わり!

働く女性はノートで成長しています

日経WOMANの読者アンケートでは、仕事でノートを活用している人は65・9%。また、プライベートで活用している人も44・6%に。仕事はもちろん、プライベートでも過半数に近い人が、ノートを使っていた。仕事で書き込む内容は、「打ち合わせの内容や指示をメモする備忘録」「TO DOリストを書く」という実用的な使い方が多い一方で、プライベートでは、「日記や日々の振り返りを書く」「夢や目標を書く」といった、自分を見つめ直す使い方をする人が多かった。特筆すべきは、その効果! 仕事では振り返りをしやすくなり、イライラが減ったと答え、プライベートでは、やりたいことが見つかり、実行に移せたと答える人が多くいた。書くことで、頭の中が整理でき、仕事もプライベートもうまく回りだす。そんなノート術を実践して、成長の糧にしよう!

プライベート編

Q ノートに書いていることは？ (複数回答)

1位 日記、日々の振り返り … **36.7%**
1位 こまごましたことの備忘録 … **36.7%**
3位 自分の夢や目標 … **35.3%**
4位 買いたいもの … **35.0%**
5位 行きたい場所 … **34.8%**

Q 書いた夢や目標は実現しましたか？

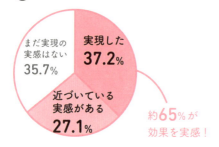

- 実現した **37.2%**
- 近づいている実感がある **27.1%**
- まだ実現の実感はない **35.7%**

約**65**%が効果を実感！

仕事編

Q ノートに書いていることは？ (複数回答)

1位 打ち合わせの内容をメモ … **52.5%**
2位 指示された内容をメモ … **50.3%**
3位 TO DOリストを書く … **42.6%**
4位 会議の議事録を書く … **37.7%**
5位 仕事に役立つ情報をストック … **30.7%**

Q ノートを書くことで、何が変わった？ (複数回答)

1位 過去の仕事を振り返りやすくなった … **40.5%**
2位 思い出せないイライラが減った … **30.7%**
3位 情報を素早く整理でき、悩む時間が減った … **25.5%**
4位 タスクを管理しやすくなった … **25.2%**
5位 ミスが減った … **22.4%**

アンケート概要／日経WOMAN公式サイトで2018年3月に実施。495人の女性(平均年齢39歳)から回答を得た。

CHAPTER 2

「なりたい自分」にどんどん近づく
夢をかなえる 編

お金を貯めていつかこんなことがしたい、資格を取って転職したい、もっとスリムになりたい…そんな漠然とした思いも、手帳やノートを使えば実現できます！ 自分の夢や目標をかなえるために手帳やノートを活用している人たちの実例のほか、書くことで成長するコツも伝授します。

FOR DREAMS

[試験に合格] [ダイエット成功] [お金が貯まる]

教えて！夢 & 目標がかなう手帳の書き方

手帳の書き方や使い方を工夫し、記録し続けることで、夢や目標をかなえた女性5人が登場。まねできる要素がいっぱいです！

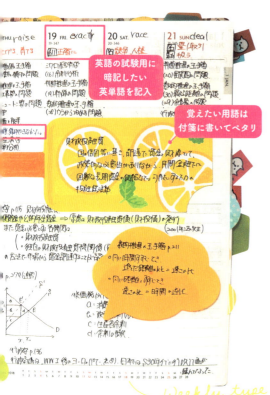

英語の試験用に暗記したい英単語を記入

覚えたい用語は付箋に書いてペタリ

Weekly type

Case 1

資格勉強手帳

勉強記録を続け、1年前倒しで目標を達成！

公務員試験に独学で合格！

仮名・求職中
ちゃんみつさん(27歳)

「『EDiT週間ノート』は、ウイークリーページの下半分がメモ欄に。自由度が高く、使い勝手が良い点が気に入っています」

メインの勉強用は大学ノート！

2017年1月、妊娠を機に仕事を辞めた、ちゃんみつさん。子供を育てながら長く働ける仕事がしたいと考え、妊娠3カ月から地方上級公務員試験の勉強を開始。勉強の予定や進捗管理に手帳を活用した。「10科目以上に及ぶ試験科目を

CHAPTER 2　FOR DREAMS

手帳を彩るシールや付箋もたくさん！

お気に入りの手帳文具
「ほぼ日手帳」を買ったときの付録だった「ジェットストリーム」の3色ボールペンを愛用。他に、マーキング用に黄色の蛍光ペンも。

これで合格！
勉強後、「何ができたか」を書く。手帳が埋まるほど、達成感も大！

ウイークリーページの上段に、その日に勉強した科目を単元ごとに記入。「1単元が済んだら、忘れないようその都度記録。手帳が埋まっていくほど達成感が得られ、モチベーションも高くキープできました」。

これで合格！
1週間の勉強で間違いがちなポイントをまとめ、"MY参考書"として活用

普段の勉強には大学ノートを使い、そのなかで「ここは苦手」という部分を抜粋して手帳にまとめた。「自分が重点的に勉強すべき部分がひと目で分かり、効率的に復習できました」。

その日の反省点は青字で

勉強の気づきを付箋にメモ

効率良くこなすため、まずは年間ページで何の科目をいつまでに勉強するかを計画。日々の勉強内容はウイークリーページの上半分に記録し、下半分に覚えておきたいことをまとめ、復習できるようにしました」。勉強は子供が寝ている時間を活用。手帳のページが埋まっていくことで達成感が得られ、「これだけやったから大丈夫」という自信にもつながった」と言う。当初2年かけて試験に挑む予定だったが、努力のかいがあり1年前倒しで合格。「国の制度を分かりやすく伝えられる、市役所の職員を目指します」。

夢をかなえる編

Case 1 ちゃんみつさんの手帳

これで合格！
1カ月で必ずすべきことを月初に書き出して確認

年間予定で決めておいた、その月のTO DOを月初に書き写す。クリアできたらチェックボックスに印を付け、できなかった項目は翌月に持ち越す。

Monthly Page

勉強した日を蛍光ペンで囲む

月末に1カ月の反省を記入

勉強できなかった日はシールでかわいく穴埋め

育児や勉強で思ったことを一言メモ

時間のやりくりの参考に！

3人の育児をしながら海外の大学院に留学した女性の本で、時間の捻出法を学んだ。「母として共感できる部分も多く、刺激を受けました」。

『「時間がない」から、なんでもできる！』吉田穂波著／サンマーク出版

疲れたら子供と遊んでリフレッシュ

「勉強で煮詰まったとき、参考書の内容が頭に入らないときは、子供と遊んでリフレッシュ。子供が昼寝したら、また勉強を再開します」

CHAPTER 2　FOR DREAMS

夢をかなえる編

Yearly Page

YEAR PLAN 2018

これで合格！

試験日までを逆算し、年間でいつ何をするか決める

試験までに、何の科目をいつやるかをざっくり決め、全体像を把握。「乳児がいるので計画通りに進まないことも考慮し、付箋で予定を動かしやすくしました」。

Other Page

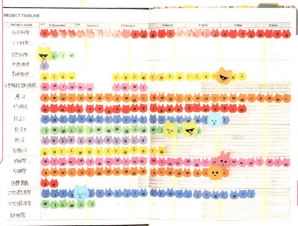

これで合格！

科目ごとに進捗状況を一覧で管理

勉強の進み具合を科目別に把握するため、1単元終わるたびにシールを貼った。「進捗に応じて、勉強の進め方や優先順位を考え直すのにも役立ちました」。

同じ手帳を使うなら

EDiT 週間ノートスープル・プリュス
サイズ／H19.6×W13.9×D1.3cm（セミA5）
重さ／265g
価格／2600円
問い合わせ先／マークス

Case 2

ダイエット手帳

体重や食べたものを毎日記録し、内容をすべてインスタで公開!

-5kgを達成!

印刷・制作
Amiさん(32歳)
ami1012gogo

「ほぼ日手帳を上手に使いこなすインスタグラマーに影響を受け、私もほぼ日のオリジナル手帳に。見返すと達成感も得られます」

これでやせる!

インスタで手帳の内容をすべて公開し、やる気アップ!

「フォロワーの温かいコメントに励まされることが多く、ダイエット手帳を続けるモチベーションに!」

約7300フォロワー

シールや付箋、イラストで見た目もかわいく!

Daily Page

お気に入りの手帳文具

パイロットのゲルボールペン「ジュース」は茶色を使用。「文字が多くても優しい雰囲気に」。イラストは呉竹の「クリーンカラー」で着色。

1日1ページの「ほぼ日手帳」を使い、体重や体脂肪率、食べたものなどを毎日記録。それを3年間続け、59kgから54kgと、5kgのダイエットに成功したのがAmiさんだ。

イラストやシールを使ってかわいくデコレーションし、書いたページをインスタにアップ。「日々のリアルな体重や食生活を人に見てもらうことで、『結果を出さなきゃ恥ずかしい』と、自分にプレッシャーをかけ

夢をかなえる編

CHAPTER 2　FOR DREAMS

Monthly Page

これでやせる！
オリジナルシートで日々の体重や体脂肪率を記録

体重、体脂肪率などを記録するフォーマットシートを独自に作成し、手帳の左上に貼って使用。「記録が簡単！目立つのも◎」。

これでやせる！
毎日の体重を一覧表にし、増減の傾向をチェック

マンスリーページにも毎日体重を書き、前日比で太った・やせたが分かるよう色分け。「目標体重は月初に記入。少し頑張れば達成できる数値に」。

食事内容、お通じ、運動の自己評価を○△×でチェック。月のマークは生理何日目かを記録。

これでやせる！
1日に食べたものはカロリーもチェック！

手帳の左端に、朝・昼・夕で食べたものと時刻、カロリーを記録。「朝と昼で食べすぎたら、夕食で調整。約1350kcal以内が目標」。

アプリ「カロリー管理」を使えば、ラクラク！

目標やダイエットにまつわるエピソードはここに

1日の総カロリーを記入

ダイエットアプリ「FiNC」で歩数を測り、記録

同じ手帳を使うなら

ほぼ日手帳 オリジナルavec

サイズ／H14.8×W10.5×D0.8cm（A6）
重さ／約117g（1冊あたり）
価格／2200円（本体のみの価格）
問い合わせ先／ほぼ日

ています」。記録を続けることで、自分がどういうときに太るかも明確に。

「飲みに行くと必ず体重が増えることが分かったので、おつまみはヘルシーなものを選ぶなど、食生活を意識して変えるようになりました。リバウンドもほぼなし。身長150cmの私の適正体重は49・5kgなので、あと4kgやせるのが目標です」。

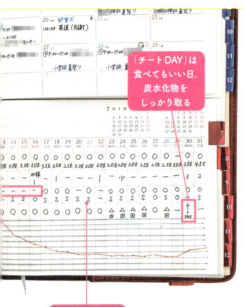

「チートDAY」は食べてもいい日。炭水化物をしっかり取る

これでやせる！

ダイエットのために毎日やることをガントチャートで管理

水分摂取量、トレーニング、半身浴など、健康とダイエットに必要なことを習慣化するため、ガントチャートを活用。朝時間を使って前日の記録を書き込む。「○が並ぶうれしさで、モチベーションが上がります」。

Case 3

ダイエット手帳

日々の習慣や体調管理、体重グラフでリバウンド知らず！

ダイエットカウンセラー
柚木卓代さん（35歳）

takayo_yuki

「手帳は上下セパレート式。上のマンスリーページでスケジュールを、下のガントチャートで体重や健康管理が同時にできるのが便利」

-20kgをキープ！

←体重70kgだった頃

お気に入りの手帳文具

手帳はゼブラのジェルボールペン「サラサ」で書く。「0.4mmの黒と赤のペンを使用。ノートを書くときは万年筆を使うと、心が落ち着きます」。

産後の体重管理に苦労してきた柚木卓代さんは4年前、食事や生活習慣を見直し20kgの減量に成功。

「体重維持のため、手帳を活用し始めました」。愛用のセパレートダイアリーは、上段と下段で別々にページをめくれるのがポイント。上段は仕事用、下段はダイエット専用に。下段のガントチャートには、1日に取った水分量、お通じの回数、運動などを項目にして記録をつけ、体重はグラフ化。

「体重が増えたときは、上段で仕事の忙しさなどが関係していないかチェックすることも」。ファスティ

CHAPTER 2　FOR DREAMS

夢をかなえる編

これでやせる！
心の整理をして、モヤモヤやストレスをためない

「ストレスはダイエットの敵！モレスキンのノートに頭の中のモヤモヤを書き出し、心の中をスッキリさせます」

これでやせる！
なりたい自分を"見える化"して常に持ち歩く

理想のスタイル、夢など、「なりたい自分」をイメージした写真のコラージュページを作って励みに。

人に手帳を見られても分からないよう、お通じは「Poop」と表現

半身浴ができたら「◯」をつけ、シャワーの日は「S」

毎月1つ、気になる部位を鍛えるトレーニングを決めて実施

できなかった日はあえて「×」と書かない

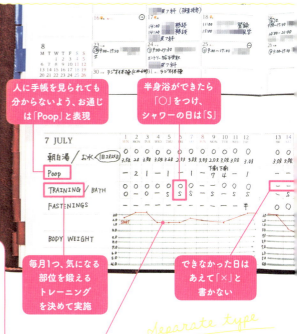

これでやせる！
体重は数字ではなくグラフで増減を可視化！

体重はあえてグラフで記録。「変動が分かりやすく、右下がりになれば自信に。"50kg台"など、リアルな数字に振り回されないコツ」。

プチ断食（断食）も定期的に取り入れ、記録。「断食日に口にするのは梅干し入り白湯やオレンジジュースなど。体が軽くなり、集中力もアップ！」。現在は自身のダイエット経験を生かし、カウンセラーとして活躍中。「手帳の使い方もアドバイスしています」。

同じ手帳を使うなら

ユメキロック
セパレートダイアリー
ウィークリー＆マンスリー

サイズ／H21×W14.8×D1.1cm（A5）
重さ／480g
価格／4445円
問い合わせ先／伊藤手帳
※「ラウンドファスナータイプ」の場合

Case 4

マネー手帳

「なんとなく…」のやりくりをやめ、使ったお金を徹底的に"見える化"!

年間貯蓄額100万円アップ!

美容師
夫と子供3人と5人暮らし
satomiさん(40歳)
@ satomi_tu

ほぼ日手帳のカズンを使用。「3.7mmの方眼が私の字に合い、数字も書きやすい。avec(半期タイプ)は軽く、持ち運びもラク」。

これで貯めた!

"づんの家計簿"を参考に、毎日使ったお金を細かく記録

一昨年まではレシートを見ながら買ったモノを細かく書く"づんの家計簿"を手帳で実践。手帳の日付に合わせ、支出を記録していた。「1日の出来事も同時に振り返れるので、ムダな出費の原因が分かりやすいのがメリット」。

2017 Weekly Page

買った店ごとに、合計金額を記入

その日の出来事などをメモ

長女の高校受験で塾代の高さに驚き、貯蓄の手薄さを反省。曖昧だった家計をきちんと管理しようと、3年前に手帳で出費の記録を始めたsatomiさん。

「ウイークリーページを家計簿に活用。最初はインスタグラムで人気の家計簿をまねし、買ったモノを細かく記入していましたが、我が家は夫が自営業で経費の管理もあり、週5で働く私には負担が大きくて…。試

お気に入りの手帳文具

パイロットの「ハイテックCコレト」の4色ペンに、0.3mmの青・黒・赤・緑をセット。「1本で色分けでき、インクがにじみにくいです」。

CHAPTER 2　FOR DREAMS

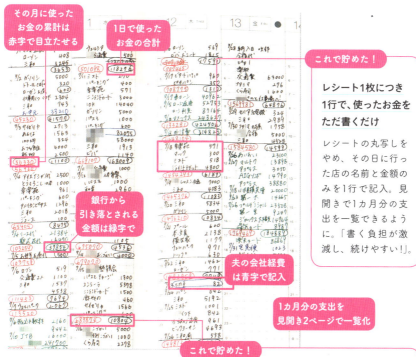

その月に使ったお金の累計は赤字で目立たせる

1日で使ったお金の合計

銀行から引き落とされる金額は緑字で

夫の会社経費は青字で記入

1カ月分の支出を見開き2ページで一覧化

書き方をチェンジ！
2018 Weekly Page

これで貯めた！
レシート1枚につき1行で、使ったお金をただ書くだけ

レシートの丸写しをやめ、その日に行った店の名前と金額のみを1行で記入。見開きで1カ月分の支出を一覧できるように。「書く負担が激減し、続けやすい！」。

これで貯めた！
1日で使った金額の合計とその月の累計を"見える化"

使ったお金を常に意識できるよう、1日の合計額とその月の累計額は丸囲みで目立つように記入。「いくら使ったのかが把握できると、出費にブレーキが効き、毎月黒字に。貯蓄を切り崩すことがなくなりました」。

行錯誤の末、"今月はいくら使ったか"がシンプルに分かる今のスタイルに。出費はレシートの合計額のみを書き、累計を記録。手帳の日付欄は無視し、ウイークリーの見開きで1カ月の出費全体が一覧できるようにした。「ムダ遣いが激減し、年間100万円以上、貯蓄額が増加。メリハリ出費ができるようになりました」。

同じ手帳を使うなら

ほぼ日手帳 カズンavec
サイズ／H21×W14.8×D1cm（A5）
重さ／278g（1冊あたり）
価格／4190円（税込）
問い合わせ先／ほぼ日

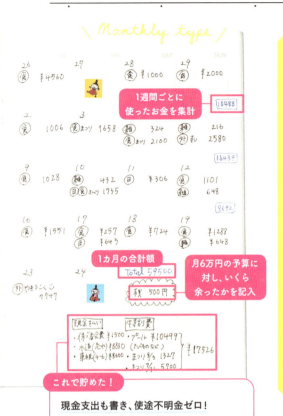

\ Monthly type /

- 1週間ごとに使ったお金を集計
- 1カ月の合計額
- 月6万円の予算に対し、いくら余ったかを記入

これで貯めた！
現金支出も書き、使途不明金ゼロ！
「子供たちの保育園の集金や近所のお祭りなど、カード払いできない特別な出費は、その都度、欄外のスペースにメモ。現金払いはすべて手帳で管理し、使途不明金が出ないよう意識しています」

Case 5

マネー手帳

オリジナルの"超簡単家計簿"で「1日2000円家計」を実践中！

貯蓄額が月2万円アップ！

会社員
夫と子供2人と4人暮らし
hanaさん(30歳)
○ hananokakeibo

「毎月25日の給料日から1カ月間の見開きにしたかったので、日付が書き込めて値段も安い、無印良品のマンスリー手帳を選びました」

お気に入りの手帳文具
手帳を書くときに使うのは、無印良品の「こすって消せるボールペン」0.5mm。「間違えてもすぐ消せるので便利。手帳と一緒に買いました」。

2歳と4歳の子供を育てながら、会社員として働くhanaさん。「出産後も金銭感覚が独身のままで、お金が足りなければ貯蓄を切り崩す、という生活をしていて…。計画性のなさを変えたいと、家計簿をつけるようになりました」。

しかし、市販の家計簿などを使っても長く続かなかった。「超ズボラで細かく管理するのが苦手。時間もないので、簡単にできる方法を試行錯誤し、たどり着いたのがマンスリー手帳に食費、外食費、日用品代、雑費だけを記録するやり方

CHAPTER 2　FOR DREAMS

夢をかなえる編

これで貯めた！
費目を4つだけに決め、毎日の現金支出を記録

お金の管理がしやすいよう、食費、外食費、日用品代、雑費のみを現金払いにし、手帳のマンスリーページに出費を記録。右のように略字を使い、レシートを見ながら合計金額を書く。「他の費目はクレカ払い。楽天カードのアプリの明細を家計簿代わりにしています」。

㊝…食費
㊴…外食費
㊐…日用品代
㊊…100円グッズ代

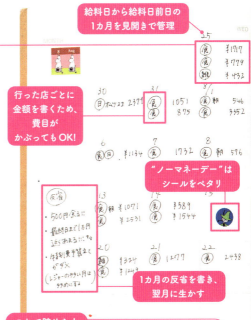

給料日から給料日前日の1カ月を見開きで管理

行った店ごとに金額を書くため、費目がかぶってもOK！

"ノーマネーデー"はシールをペタリ

1カ月の反省を書き、翌月に生かす

これで貯めた！
「1日の平均支出2000円」とし、1週間単位で予算内に収める

4つの費目の月の予算は6万円。「1日の平均支出が2000円になるよう意識。毎週日曜日に1週間で使ったお金の合計金額を出し、1日当たりの平均額をチェック。オーバーしていたら翌週調整します」。

これで貯めた！
インスタで家計を公開し、脱・三日坊主！

これまで何度も家計簿に挫折してきたhanaさん。「今のお金手帳を始めてすぐ、家計簿専用のインスタアカウントを作成。フォロワーさんたちからの温かいコメントや"いいね"がモチベーションになり、楽しく続けられるように！」。

フォロワーは1000人超え！

でした」。2〜3日に1回、レシートを見ながら費目ごとに合計金額を記入。予算はざっくり、「1日2000円」に。
「超える日もありますが、1カ月で1日平均2000円以内になればOKに。ムダな食材や雑貨を買わなくなり、貯蓄が月2万円もアップしました！」

同じ手帳を使うなら

無印良品
再生紙ノート・マンスリー
サイズ／H21×W14.8×D0.38cm（A5）
価格／100円（税込）
問い合わせ先／無印良品 池袋西武

> 週1回、書くだけで心が潤う！

自分をもっと大切にする「手帳タイム」を始めよう！

手帳タイムとは？

手帳に予定やTO DOを書き込むほか、自分と向き合い、やりたいことやワクワクすることをかなえるために、いつ何をやるかを決める時間。未来の自分に"予約"し、やりたいことを実現すれば、充実した日々を過ごせる。

行動につなげる時間でやりたいことをかなえる

手帳ライフコーディネーター
青木千草さん

ヨガスタジオCITTAオーナー兼ヨガインストラクターとして活動する傍ら、自身が理想とする手帳「CITTA DIARY」を考案・発売。著書に『CITTA式 人生が輝く手帳タイム』(KADOKAWA) など。

「仕事や育児などで時間がない人ほど手帳タイムがおすすめ」と話すのは、手帳ライフコーディネーターの青木千草さん。手帳タイムとは手帳に予定を書くだけでなく、自分のために使える時間を見つけ、やりたいことや、それを実現させるためのTO DOを書き込む時間。「私自身、毎週2時間の手帳タイムで自分と向き合い、思いを行動につなげ、夢をかなえてきました。2時間は無理でも、30分持つだけで思考が整理され、スッキリしますよ」。

青木さんの**手帳タイムルール**

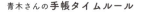

- ✓ 水曜の午後に2時間、手帳を開く
- ✓ 集中しやすいカフェで書く
- ✓ 文字は雑でもOK。予定の変更も書き直さず「×」を書けばいい
- ✓ 手帳タイムに次回の手帳タイムを決める

夢をかなえる編

CHAPTER 2　FOR DREAMS

Weekly type

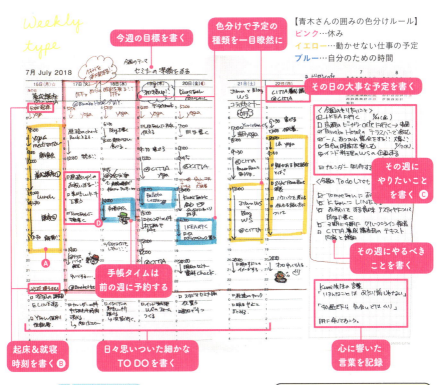

【青木さんの囲みの色分けルール】
ピンク…休み
イエロー…動かせない仕事の予定
ブルー…自分のための時間

- 今週の目標を書く
- 色分けで予定の種類を一目瞭然に
- その日の大事な予定を書く
- その週にやりたいことを書く ©
- その週にやるべきことを書く
- 心に響いた言葉を記録
- 手帳タイムは前の週に予約する
- 日々思いついた細かなTO DOを書く
- 起床＆就寝時刻を書く ⑧

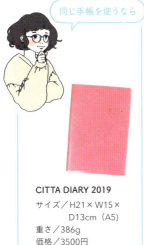

同じ手帳を使うなら

CITTA DIARY 2019
サイズ／H21×W15×D13cm（A5）
重さ／386g
価格／3500円
問い合わせ先／CITTA

手帳タイムに何を書くの？

① ノートページにワクワクリストを書く

「カフェに行く」「自分の時間を楽しむ」など思いつくまま書き込む。ポイントは、実行日を決めて日付を書くこと。

② 動かせない予定Aや起床・就寝時刻Bを書く

起床時間を書き、就寝時刻に太線を引き、動かせない予定を記入。空いている時間をひと目で把握できる。

③ その週と翌週にやりたいことを書く

ワクワクリストから、その週と翌週にやりたいことをメモ欄©に書き、実行する日時を決める。「旅行なら、チケット手配やホテルの予約までを手帳タイムに済ませます」。

④ 日々の余白の時間にやりたいことを記入

ワクワクリストから書き写した「やりたいこと」を、予定Dとして余白の時間に書く。「自分の時間を予約し、先延ばしを防ぎます。諦めていたことも実現するきっかけに」。

手帳タイムは、疲れた自分の心を整える時間です

IT・営業
相原彩香さん
(仮名・27歳)

私も手帳タイムで心スッキリ

IT企業で営業を担当しながらビジネススキルを学ぶ講座に通う相原彩香さん。日々の忙しさに流されず自分を見つめ直すため、週末やストレスがたまったときにカフェで手帳タイムを持つという。「ルールは自分に嘘をつかず、素直な気持ちを手帳のデイリーページにつづること。不満や不安などを抱く原因が見えてきてマイナスの感情がリセットされるため、気持ちがスッキリ。この心を整える時間があるからこそ、仕事や勉強に全力投球できます」。

相原さんの**手帳タイムルール**

- ☑ 週末や旅行中、イライラするなどの感情が動いた日に書く
- ☑ カフェや移動中の電車内で書く
- ☑ 誤字脱字を気にせず、自由に書く
- ☑ 自分に嘘をつかず、素直な気持ちを書く

憧れの女性像の写真を手帳に貼って見返す

目指す女性像の写真を切り抜いて巻頭ページに貼り、「心穏やかに美しく生きる」といったテーマを書いて、今年の目標をビジュアル化する。「忘れないように時々見返します」。

毎月、目標やテーマを書く

月初めには、「ビジネス講座でしっかり勉強するために、働き方改革を実行」などといった、月の目標やそのためにやるべきことなどを書き込み、意識しながら1カ月を過ごす。

目指す姿を手帳でチェック

夢をかなえる編

CHAPTER 2　FOR DREAMS

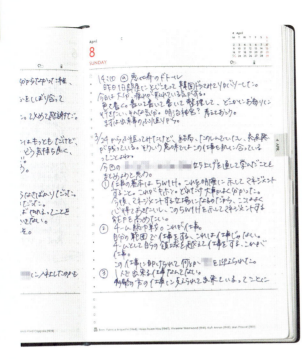

Daily type

気持ちを外に出して自分と向き合う

グチも高望みも妄想もダメな自分も、思ったことはすべて包み隠さずに書くことで言語化する。「今の自分を受け入れることで、もやもやが消えて前向きに」。映画や本の感想を書くこともあるという。

同じ手帳を使うなら

EDiT スープル B6 Daily
サイズ／H18.3×W12.5×D1cm（B6変形）
重さ／320g
価格／3400円
問い合わせ先／マークス

旅行先でも手帳タイム

Notebook

旅先での手帳タイムのパートナーは、上質な紙が特徴の「プレミアムCDノート」。「上品な表紙で、持ち歩くのがうれしくなります」。

旅行先に向かう電車内で今の素直な気持ちを書く

旅行をする際は、移動中の電車内で手帳タイムを持つ。「日常から離れるからこそ、より内省しやすくなります。ノートには、登山や旅先の記念にスタンプを押すことも」。

57

夢を実現　目標達成　スキルアップ

私たち、このノートでかなえました！

ノートを書く習慣によって、人生が大きく動き出したという女性たちに、秘密のノートを公開してもらいました。ノートのパワーと書き方のコツを知ったら、今すぐまねしたくなるはず！

Case 1

アイデアが尽きなくなる
"心が動いた瞬間"
の貯金ノート

整理収納アドバイザー、OURHOME主宰
Emiさん（36歳）
ourhome305
https://ourhome305.com/

会社を辞め、起業して5年で10冊の著書を出版

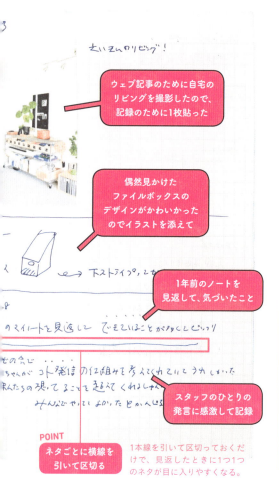

ウェブ記事のために自宅のリビングを撮影したので、記録のために1枚貼った

偶然見かけたファイルボックスのデザインがかわいかったのでイラストを添えて

1年前のノートを見返して、気づいたこと

スタッフのひとりの発言に感激して記録

POINT
ネタごとに横線を引いて区切る

1本線を引いて区切っておくだけで、見返したときに1つ1つのネタが目に入りやすくなる。

夢をかなえる編

CHAPTER 2　FOR DREAMS

仕事もプライベートも分けない。目的も不要。とにかく心が動いた瞬間を余さず記録！

ノートのおかげで前に進める

Idea notebook

ジャンル分けはせず、日付順にどんどん書く

6桁の数字で日付を書いたら、内容を問わず、順に書いていく。雑多なほうが、後で見返したときに面白い。

仕事で会った人に聞いた「へぇ〜」な話

商品完成時に取引先の担当者と記念写真。そのときの気持ちもメモ

お店で素敵なディスプレーを発見してパチリ。どこがいいと思ったのかも書き残す

Case 1 Emiさんのノート

新入社員時代から書きためたノートは15年で59冊！

過去のノートはすべて保管。通し番号を付けてリビングの本棚に立て、いつでも見返せる状態にしている。

6年前に大手通販会社を辞め、整理収納アドバイザーとして独立したEmiさん。8人のスタッフとともに、セミナーや商品開発などを手がけ、片づけや仕事術に関する著書は10冊にも及ぶ。次々と活躍の場を広げている秘訣は、15年前から書きためた59冊のノートにあるという。

「書く内容は、自分の心が動いたことならなんでもOK。書く時点では、何の役に立つかは考えません。普通に生活しているだけで、日々、小さな発見や感動はたくさんある。通常は忘れてしまうようなこともマメに記録していくと、貯金のようにたまり、それが私の財産になります。企画出しの際も、過去のノートを見返せば、いくらでもアイデアを出せる自信があります」

コツは、仕事のこともプライベートのことも分けずに同じノートに書くこと。

「子育てでの気づきが、仕事でのチームワークに生きることもあります」。分けないほうが、見返したとき、思いもよらないメモからヒントが見つかる。

実は、起業や出版自体を明確に目標として掲げたことはないという。

「大きな夢がなくても、ノートに小さな『いいな！』を積み重ねていくと、自然に自分のやりたいことに気づき、一歩一歩前へ進んでいけるんです」。

愛用ノート

コクヨのキャンパスノート（A5）
毎日持ち歩くので、コンパクトなA5サイズを選択。無印良品のものを長年愛用していたが、最近は方眼罫が気に入り、こちらに替えた。

お気に入りのペン

パイロットの水性ボールペン「Vコーン」は、「インクの色が濃いので、ノートを見返したとき、文字がパッと目に入り、印象に残りやすいです」。

CHAPTER 2　FOR DREAMS

他にこんなものもノートに記録

気になったコーディネートの切り抜き
大きなサイズは横向きに貼る。どこがいいと思ったかも一言添えて。「自分の好みが分かるようになります」。

おみくじ
保管場所に困るものこそ、ノートに貼る。いつか話のネタになるかも？ 1年後に振り返るのも楽しみ。

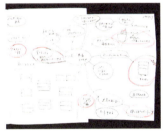

心のモヤモヤを整理したマインドマップ
ノートより大きな紙に書いたものも、折り畳んで貼ってしまう。悩んだ過程も財産に。

Emiさん流 書いたノートを生かすコツ

① テーマを決めて見返す
例えば「片づけ」のネタを探そうと決めてノートを見返すと、一見無関係なペットの話からヒントが見つかることも。雑多なノートだからこそ、意外な発想が生まれる。

② 特定の月を年ごとに見返す
ブログのテーマが浮かばないときには、今が5月なら、過去の5月のノートを見返してみる。その時期ならではの気づきが詰まっており、ザクザクとアイデアが出てくる。

③ モヤモヤするときに見返す
落ち込んだとき、なんとなく不安なときは、1年前のノートを見てみる。「過去と比較すると自分の変化が分かり、成長している自分に気づけて、前を向く力が湧いてきます」。

アイデアの取りこぼし防止！

手元にノートがないときは自分宛てに1行メール
「ノートがないために、せっかくの気づきを取りこぼしてはもったいない！」。そんなときは、スマホで自分宛てにメールを送る。件名に1行で内容を入力し、本文はなしで。「翌朝会社でノートに写します」。

Case 2

朝10分の書く習慣で
行動スイッチオンノート

看護師、美容専門学校講師、キャンドル浄化セラピスト
坂野嘉美さん
(34歳)

「3つの仕事が軌道に乗り、世界が広がりました」

看護師のキャリアを生かし、救急医療相談のアドバイザー、専門学校講師、セラピストと、"三足のわらじ"を履く坂野嘉美さん。1年前まで夫の扶養の範囲内で働いていたが、今では周囲から「別人のよう」と言われるほど活動的。きっかけは1冊の本との出会い。書店で偶然手に取った『先延ばしは1冊のノートでなくなる』(大和書房)が提唱する目標実現のためのノート術を実践したことだ。

「毎朝、前日を振り返った上で、目標のために今日10秒で実行できることをノートに書き出します。欲望に正直に、ワクワクすることを書くので、モチベーションが上がり、仕事スイッチが入るんです」。例えば「出張セラピーをしたい」という願望実現のために、「顧客へ料金表を送る」といった簡単なアクションを書いて実践していたら、3カ月後に東京での依頼が舞い込んだ。「セラピーの顧客は半年で目標人数を達成。毎朝10分の書く習慣で、驚くほど自分が変わります」。

愛用ノート

10秒ノート (非売品)
現在は、著者・大平さんのセミナーに参加した際にもらったノートを使う。4分割する罫線入りが特徴。アイデアを書き留める別のノートと一緒に、カバーでまとめて持ち歩く。

お気に入りのペン
消せるボールペン「ユニボール R:E」と「フリクションボール」の3色を使う。「文房具は女性らしいピンクで統一」。

CHAPTER 2 　FOR DREAMS

嫌なことや反省は書かないので書くのが楽しみになって毎日続く

モチベーションが上がります！

STEP ①
昨日うれしかった出来事を3つ書く

「仕事に関することから『娘が楽しそうにしていた』といった日常の何気ない出来事まで、3つ絞り出します」

STEP ②
左の3点について「どう思ったか」を書く

Step1の各項目について、なぜうれしかったのかを深掘り。「書くことで自分の思考が客観的に分かります」。

STEP ③
「自分が本当はやりたいこと」を書く

見栄を張らず、素直に書くのがコツ。「物欲ばかりの日もありますが（笑）、本心や心の変化がよく分かります」。

STEP ④
願望実現のため、すぐ実行できることを書く

Step3を受け、10秒でできることを書く。「達成して赤線を引くと、『私すごい！』と、自己肯定感が生まれます」。

POINT
ノートを4分割して朝の10分間で書く

ノートに縦線と横線を引き4分割。それぞれに、昨日の感想や今日のアクションを書き出す。「朝食準備の前に、書くのがルーティン。就寝前に見返し、実践できていたら赤線で消して達成感を味わいます」。

「夢や目標」を見返しながら書くのが肝！

ノートの冒頭には、夢や目標を書き出し、イメージ写真も貼って毎日見返しながら、Step3と4を書く。坂野さんは、これを手帳に記入。

『先延ばしは1冊のノートでなくなる』
大平信孝著／大和書房

「数々のノウハウ本を試しましたが、一番楽しく実践でき、変化がすぐ表れました」。

夢をかなえる編

Case 3

多数の業務が同時進行しても慌てない

やること一目瞭然ノート

タカラトミー ガールズマーケティング部
プロデュース課 係長
丹 美和子さん
(35歳)

> 夢だった大人女子向け新ブランドを開発

丹さんが開発した大人女子向けブランド「パルフェミミ」の第1弾は『カードキャプターさくら』のアイテム。
©CLAMP・ST/講談社・NEP・NHK

玩具メーカーで女児向け玩具の開発を担当する丹美和子さん。商品開発と聞くと、アイデアを出すのが一番の仕事と思われがちだが、実は進行管理能力こそ必須スキル。多いときには15以上もの商品を並行して担い、社内外のさまざまな人とやり取りしながら、商品を世に送り出し続けている。

「以前はいくつもの商品を同時進行することに、頭が爆発しそうになることもありましたが、仕事中いつも持ち歩いているノートの1ページにすべての業務を見える化したら、慌てることがなくなりました」。

毎月エクセルで作る商品別のタスクリストを印刷すれば大丈夫と、落ち着いて取り組めました」。

を見ながら仕事を進める。

この春、丹さんは念願だった大人の女性向けブランドをデビューさせた。他にいくつもの商品を抱える多忙な日々での開発だったが、「ノートでやるべきことの全体像が把握できているので、1つ1つこなしていけば大丈夫と、落ち着いて取り組めました」。

毎月エクセルで作る商品別のタスクリストを印刷してノートに貼り、日々それり組めました」。

> 愛用ノート

**ライフの
クリッパーノート(A4)**
「大きくて書きやすいし、A4のコピー用紙もそのまま貼れます。方眼罫ですがマス目は無視して書きます」。同じノートなので、表紙にステッカーを貼り区別。

お気に入りのペン
ジェットストリームの多機能タイプ(4色+シャープ)を使う。「書きやすいので。機能性重視で選んでいます」。

夢をかなえる編

CHAPTER 2　FOR DREAMS

15以上の商品を抱えていても やるべきことは 1ページでつかめる

すべての業務を見える化！

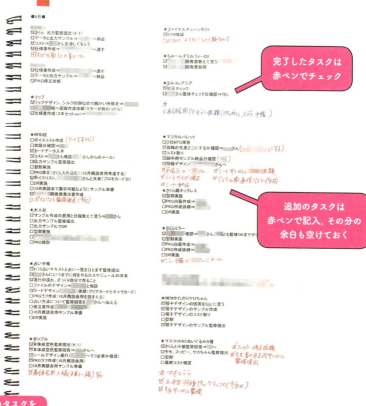

> 完了したタスクは赤ペンでチェック

> 追加のタスクは赤ペンで記入。その分の余白も空けておく

POINT

月単位のタスクを商品別にリスト化

月初に、商品ごとのタスクを洗い出してエクセルでリストを作成。印刷して打ち合わせ用のノートに貼っている。「進行中の仕事に関することは、全部1冊にまとめています」。

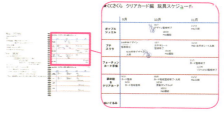

タスクリストを貼る以外に、打ち合わせ記録やアイデアのメモに使う。商品ごとの4カ月先までのスケジュールを、エクセルでまとめて貼ることも。

Case 4

ノウハウを余さず学び取る

"完コピ"ノート

岡崎ビジネスサポートセンター
OKa-Biz 副センター長
愛知県立大学非常勤講師

高嶋 舞さん（36歳）

中小企業コンサルタントとして活躍

愛知県岡崎市を拠点に、中小企業のコンサルティングを担う高嶋舞さん。現在は相談者が引きも切らないが、仕事を始めた当初は、「ゼロからのスタートだったので、中小企業支援の第一人者に懇願し、1カ月間付きっきりで学ばせてもらいました。短期間で師匠のノウハウを吸収する鍵となったのが、師匠と相談者の対話を全部記録した"完コピ"ノートです」。

通常ノートを取る際は、重要なポイントに絞ってメモを取りがちだが、高嶋さんはあえて自分のフィルターを通さず、一字一句そのまま書くよう心がけた。

「人マネでも、自分の色は自然に出てくるもの。完コピは最速で成果を出す近道です」。

観的に捉え直せ、本当に重要な点に気づけます」。素早く書き取るコツは、「きれいに書こうとしない、自分だけが分かる略字を使う」などの工夫で徐々に身に付いたそう。

「全部書くのは非効率なように見えて、振り返ったとき、客

愛用ノート

**無印良品の
植林木ペーパー裏うつりしにくい
ダブルリングノート（A5）**

「表紙が硬いので、机の上でなくても、手元でメモしやすい点が気に入っています」。コンパクトなA5サイズを選ぶのは「相手に威圧感を与えず、さりげなく記録するため」。

お気に入りのペン

「ジェットストリーム3色ボールペン」の極細0.38mmを使用。「サラサラと書ける感覚が好み。アスクルでまとめ買いしています」。

CHAPTER 2　FOR DREAMS

タスク管理は
付箋で

直近でやらなければいけないことは、かわいい付箋を使って管理。書き出したら、ノートの表紙やデスク周りなどに貼って、目につくようにする。

POINT

自分のフィルターを通さず、一言一句、書き取る

ちょっとした相づちまで、極力漏らさず記入するよう徹底。発言の意図が気になったところや、相談者の目の色が変わった会話の節目などには、印を付けておき、記憶が鮮明なうちに振り返る。

話の流れを変えた重要フレーズは後でその意図を質問し、掘り下げる

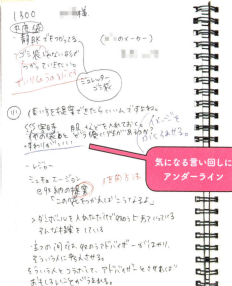

気になる言い回しにアンダーライン

完コピノートで自分を成長させるコツ

① **相手の発言を取捨選択せずに書き残す**

相手の"思考の構造"を知るために、全部書く。書くこと、書かないことを選別すると、本当に重要な部分を見逃すリスクも。書く際はフラットな気持ちで、記録に徹することが重要。

② **即座に疑問点を洗い出し、色ペンで加筆**

師匠と相談者の面談終了後、記憶が鮮明なうちにノートを見返し、疑問に思ったことや感じたことを余白にメモ。完コピした記述と混ざらないように、色ペンを使って書く。

③ **疑問点をすべてクリアにしてからPCで清書**

師匠に質問し、疑問を解決。その日中にノートの内容をPCで清書して保存。直後の見返し作業と、頭を整理しながら清書する2段階により、学んだ内容をしっかりと自分のものに。

> いつも前向きで成長する人には共通点があった！

1万2000人の行動を分析した専門家がオススメ
永谷式「できたことノート」を始めよう

ミスしたことでくよくよしたり、人と比べて落ち込んだり…。そんなあなたを変えてくれるのが、この永谷式「できたことノート」。日々の小さな成功体験を毎日書くことで、確実に自信がついて前向きになれます。

できたことノートとは？

この人に聞きました

発明家／行動科学専門家
ネットマン代表取締役社長
永谷研一さん

行動科学や認知心理学をベースに、1万2000人以上のデータを検証・分析し、目的達成のための行動習慣化メソッド「PDCFAサイクル」を開発。行動定着を支援するITシステムも開発し、日米で特許を持っている。

企業の人材育成プログラムを数多く手がける永谷研一さん。1万2000人以上の行動を分析した結果、「前向きに成長し続けられる人は皆、毎日小さな新しいことに挑戦して『できた！』と自信を深めており、自分が本当に望んでいることを見つけていました」と話す。

「自分はそんな前向きな姿勢を持っていない…と思うのも、実は当然なこと。『私たちは脳の特性上、欠けているところに目が行きがちなのでない、と悩むのはそのためだ。ではどうしたら変われるの？『できなかったことを考えると言い訳が浮かび、自分を否定しがち。すると、自分の中にある本当の望みにフタをしてしまい、成長できなくなります。大事なのは、できたことに着目すること。すると、『もっとできることはない？』と前向きになり、成長につながる行動ができます。

できたことは、モノを捨ててスッキリした、お土産を配ったら喜ばれた、などのささいな内容でOK。「週1回振り返ると、成長の鍵が見つかります」。

CHAPTER 2　FOR DREAMS

「できたことノート」の書き方

① 毎日の「できたこと」をノートに書く

② できなかったことは書かない

③ 週に1回、書いた内容を振り返る

できたことを書くとこんなメリットが！

メリット
① **気分が前向きになる**

「できなかったこと」を考えると不安や恐れが生じて、時間不足や人のせいにして言い訳思考に陥りやすい。「できたこと」を考えると、前向きに、よりよくするにはどうしたらいいだろう？　とベストな方法を探そうとする。

メリット
② **自分に自信が持てる**

「できたこと」を日々書き留めることで、自分の長所に目が行きやすくなるため、自己肯定感が増して、ありのままの自分を好きになれる。すると、世間体や体裁などでフタをされていた、本当の望みに気づくことができる。

メリット
③ **次にやりたいことが見つかり、行動が習慣化する**

自分の本当の望みに気づくと、その望みを実現するために「やるべきこと」は自然に見えてくるもの。朝、いつもより早く起きて新しい習慣を始めたり、会いたい人に会いに行ったりと、成長のためのステップを自分で見つけ出して取り組めるようになる。

まずは1週間、「できたことノート」を書いてみよう

真面目な人ほど「できなかったことを反省しないと成長しないのでは？」と思うかも。でも、これは自分を変える"技術"。試してみて！

「できたこと」の上手な見つけ方

自分が気持ちいい Happy の基準

散らかっていた場所を片づけてスッキリした、幸運なことがあった、体にいいことをして気分がいいなど、小さな幸せを探す。

ほかにも…
・有給休暇を取ってゆっくり休めた
・英会話で、いつもよりも話せた
・旅行の1週間前に準備を終えた
・ずっと会いたかった人に会えた

数字で表せる Number の基準

30分早起きできたなど、達成感を感じられる数字に注目する。英語の勉強を3日続けたなどの、習慣化したい事柄でもOK。

ほかにも…
・アポを10件も入れられた
・1年ぶりに異業種交流会に参加！
・今月は5万円も貯金できた
・先月から1.5kgやせられた

人の反応で分かる Person の基準

上司にお礼を言われたなど、相手の反応から自分の「できたこと」を探す。きっと喜んでくれたはず、といった想像はNG。

ほかにも…
・電車で席を譲ったら感謝された
・本を貸したらお礼にお菓子をくれた
・知り合いを紹介したら喜ばれた
・スピーチをしたら拍手喝采された

STEP 1

月曜日～土曜日に「できたこと」を3つずつ書き出す

寝る前 **3分**

初めてできたことはもちろん、いつもの行動でも、よりよくできたらOK。例えば「朝食を食べた」なら「したこと」だが、「朝食をよく噛んで食べられた」なら「できたこと」。3つ書こう。

市販の手帳や書籍でできたことの記録がラクに

「できたことノート」は、左に1週間の予定を、右側にメモを書くレフトタイプの手帳を使うと書きやすい。永谷式のフォーマットは無料でダウンロードでき、書籍も販売中。

無料で永谷式のフォーマットをダウンロード！

http://dekitakoto.jp/dl
『できたこと手帳』
（クロスメディア・パブリッシング／1480円）

CHAPTER 2　FOR DREAMS

Left page

夢をかなえる編

5月

7 MON
- できたことノートを始めることができた
- 会社の机の上のきれいに片づけた
- 1駅手前で降りて歩いて帰った

> 「できたこと」を思い出して3つ書こう

> その日のうちに書こう

8 TUE
- 朝30分早く起きてお弁当を作った
- パソコン内のフォルダを整理した
- 同僚の髪形を褒めたら笑顔になった

9 WED
- 今日も朝30分早く起きてお弁当を作った
- ヘルシーな朝食を食べられた

> 3つ書けない日があってもOK

> 同じ内容でも、続けられたらOK

10 THU
- 3日続けて、朝30分早く起きてお弁当を作った
- クレーム電話の対応が上手にできた
- 共有スペースを片づけていたら後輩が手伝ってくれた

11 FRI
- 新しいチークを使ったら顔色が明るくなった
- 英語の勉強を1カ月続けるためにアプリをダウンロードした
- 友達に誕生日プレゼントをサプライズで贈ったら喜ばれた

12 SAT
- 家計簿の計算が1回でぴったり合った
- アロマオイルの香りを嗅いだらリラックスできた
- 昨夜の歓迎会で幹事をしたことにお礼のメッセージをもらった

Right page

13 SUN 今週のベスト「できたこと」
- 3日続けて、朝30分早く起きてお弁当を作った ①

→ 一番気になった「できたこと」を直感で選ぶ

② (詳しい事実) (いつ、どこで、誰と、誰に、何を、どうやって)
最近、Yちゃんが会社にお弁当を持っていっているとインスタにアップしているのを見て、私も作れるようになりたいと思って始めた

→ なるべく具体的に書く

③ (原因の分析) (なぜやることになったの？ 本当の目的は？)
いつもは3日も続けられない私が続けられたのは、Yちゃんがお弁当生活で1カ月に1.5kgもやせた、とインスタに書いていて、私もやせたいと思ったからかも。

→ 視点を変えて「できたこと」の本当の目的を探る

④ (本音の感情) (今、素直にどう感じている？)
(うれしい)／ほっとした／(誇らしい)／心配だ／
びっくりした／悲しい／腹が立った
今までダイエットは成功したことがないけど、お弁当でやせるなら続けてみたい！！

→ 感情が言葉にしにくければ、左の「7つのキーワード」から選ぶ。2つ以上○がついてもOK

→ 不安があるのは当然。素直に書いてみる

⑤ (次なる行動) (明日からできる簡単な工夫は？)
野菜を増やしたり、ご飯を雑穀ご飯にしたりして、もっとヘルシーなお弁当にする。寝る前にストレッチするとか、軽い運動も始めよう。

→ 「本当の目的」を達成するための具体的な方法を書く

夢をかなえる編

STEP 2
日曜日に「できたこと」を振り返ってみる

週1で **10分**

「『できたこと』として書き出した内容には、自分の中に存在する『本当の望み』が隠れています。最も気になった内容を細かく分析すると、自分が何に価値を置いているかが分かり、『自分のありたい姿』が見えます」（永谷さん）

STEP 3
「できたことノート」を3週間続けてみる

3週間続けられると、書くことに慣れて習慣化できる。3週間の次は、3カ月を目標にしよう。「ある調査では、新しい習慣が3カ月以上続いたら、目標達成度が約2.5倍上がったそうです」。

> 続けてみました

カーテンの洗濯や、換気扇の掃除など、ずっと気になっていた家事。「ノートにつける」と思うと、前向きに取り組めました。気分もスッキリ、仕事に取り組む姿勢も前向きに！（ライターK）

① 6日間の「できたこと」からベストなものを選ぶ

月曜日から土曜日までに書いた「いいこと」のなかから、一番うれしかったことや、印象に強く残っていることを1つ選ぶ。直感で選んで。

② 選んだ「できたこと」についてなるべく具体的に説明する

いつ、どんな状況で「できた」のか、思い出して詳しく書く。どこで、誰を（または誰に）、何を、どのようにしてできたのか、具体的に。

✗ 詳しい説明がない→面倒くさがりタイプ
事実の記述が不十分だと、細かく振り返れないので、次の成長へのきっかけが得られない。

③ 「できたこと」について2つの質問で深く考える

まず「なぜやろうと思ったのか？」を考え、さらに「そのやろうと思った目的は達成できたか？」と重ねて問うことで深く分析できる。

✗ 分析ができない→やる気空回りタイプ
理由の分析が不十分だと、新しい気づきが得られず、失速してしまいやすい。

④ 本音の感情を書いて自分の本当の願望を知る

「できたこと」をどう思うか、理由が分かった今の思いを素直に書く。どうしても分からなければ「7つのキーワード」（右ページ）から選ぶ。

✗ 感情が書けない→思い込みタイプ
自分はこういう人間、と決めつけている人ほど、本音に気づきにくい。客観的に自分を観察して。

⑤ 本当の願望を実現するために始める行動を具体的に書く

「できたこと」を分析して本音の感情に触れると「もっとこうすればよかった」という思いが芽生える。明日からできる改善点を考えよう。

✗ 行動が書けない→意気込みタイプ
こうしたいという願いや意気込みだけを書くのはNG。いつ、何を、どうするのか、明確な行動を。

> できたことを振り返ると
> 前向きに挑戦できる

自分を振り返る行為は不安を生むもの。
振り返る内容が「できたこと」だと自分の肯定から入れるため、
不安は適度な範囲で収まり、気持ちが次の挑戦に向かう。
「できなかった」ことを振り返ると、
不安がさらに強まり、逃避につながる。

「できたこと」から振り返った場合

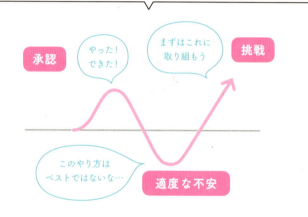

「できなかったこと」から振り返った場合

CHAPTER 3

書くだけで充実感を味わえる

日々の記録編

漫然と過ごしているように思える毎日も、記録してみたら成長のヒントがいっぱい潜んでいるものです。ちょっとしたことも手帳やノートに書き出せば、日々の充実感がアップ！ 家計管理や個人的な勉強、仕事のアイデア出しや管理にも役立つオリジナルノート作りもオススメです。

FOR RECORDS

書くだけで充実！のコツ

手帳で「幸せと成長」を実現中です

当たり前の毎日を手帳に記録することで、幸せに気づいたり成長を実感したり。また、手帳に書こうと思うからこそ、日々の小さな選択にチャレンジが生まれる。そんな2人の手帳術に注目！

Weekly Page

土日は「親孝行メモ」でやらない後悔をつくらない

週末は介護施設にいる父親を見舞う。「飲み込む力の衰えている父が難なく食べられたおやつをメモ。翌週の手土産の参考に」。

Case 1

1日3分割日記

振り返りの習慣で日々の小さな前進を実感

会計・事務
トナさん(39歳)

うまく使えていなかった手帳のウイークリーのバーチカルページに「日記」をつけるようになったトナさん。「1日を3つに分け、朝と夜はプライベート、昼は仕事で起こった出来事をベースに、短い感想を添えて箇条書きにしています」。

この方法にして人生で初めて日記が続いている。

「書き込むスペースが小さいから書くのが苦にならないし、余計なことも書かずに済んで読み返しても恥ずかしくない。日々を振り返る習慣がつき、前進している自分に気づけるようになりました」。

CHAPTER 3　FOR RECORDS

日々の記録編

Monthly Page

今月のタスク。ここから週間タスクに振り分ける

買い物の失敗を防ぐ「コーディネートログ」

季節ものの服をまとめて購入する1カ月前から日々のコーディネートを記録。「着やすい服、着ていない服を把握して、買い物の失敗を減らします」。

よく開くページには付箋を貼る

「今月のページと今週のページに付箋をつけて、パッと開けるように」

バーチカルページを日記帳に

緑色はプライベート、青色は仕事での出来事。「嫌な出来事もここで吐き出すと消化できます。人からの頂き物をメモして、お返しを忘れないようにも」。

その週のタスク欄。毎週決まってやることは付箋メモで可動式に

書くスペースが狭いため、名前は頭文字に○、チェックは©、メールは絵文字など簡略化

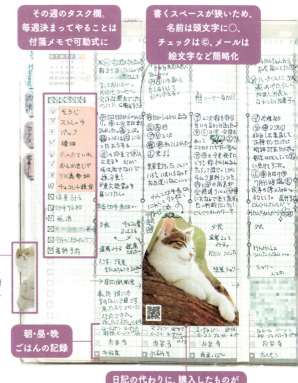

朝・昼・晩ごはんの記録

日記の代わりに、購入したものが分かる写真や訪れた場所のハンコを押すことも

同じ手帳を使うなら

ジブン手帳 ファーストキット
スタンダードカバータイプ
サイズ／H21.7×W13.6×D2cm（A5スリム）
重さ／400g
価格／3800円
問い合わせ先／コクヨ

使っているのはこれ

『ジブン手帳』にしたのは去年から。夢や目標を書き込めるページが魅力。来年もこれと決めていて、購入済み。もっと使いこなせるようになりたい！」

いつ手帳を書いてる？

毎日の就寝前

主に日記として手帳を使っているため、手帳タイムはゆっくり一日を振り返れる就寝前にまとめて。

Weekly type

「Lw/名前@場所」は「Lunch with～」。略語で手帳タイムを時短

タスクはスケジューリングしたら□を半分、実行できたら全部塗る

カバーは…
「ネットショップ『レガーレ』で1980円で買った、A5サイズの手帳カバー。安いけど本革なので高級感があります」

人とのアポイントは赤ペン、作業予定は青ペン、事後記入は緑ペン

Case 2

自分磨きアポ

やりたいことの実行率がアップ！自信がつき始めた

IT・法人営業
なかみさん(26歳)
@ ig_nakami

ある日、仕事の予定だけでびっしり埋まった手帳を見て怖くなったと言うなかみさん。「自己投資の時間を増やしたいと思って始めたのが、やりたいことを他者とのアポイントメントにしてスケジューリングしてしまう手帳の使い方です」。

勉強したいと思ったらレッスン予約を入れる。行きたい場所があったら友達を誘って約束にする。

「やりたいことを意志に頼るのではなく、数カ月先の自分の未来に予約して、実行せざるを得ない状況に自ら持っていきます」。

CHAPTER 3　FOR RECORDS

「やりたいこと」を人との約束にしてスケジューリング

2カ月先に行きたい展覧会を発見。「一緒に行かない？」と友達を誘い、日時まで決めて約束。『他者とのアポイント』に使っている赤ペンで、先にスケジュールとして押さえると、必ず行けます」。

マーカーの色が公私のバランスチェッカーに

普段の仕事は黄色、自己投資はピンク、リフレッシュは緑の蛍光マーカーで色付け。「黄色とピンクばかりでオーバーワークと感じたら『何もしない』という予定を立てます」。

振り返りのため、予定が変わっても記録は残しておく

実行できなかったTO DOも、線は引くが完全には消さない。「なぜできなかったのか、どうすればできるのか、そもそもやりたいことなのか見直し」。

同じ手帳を使うなら

アクションプランナー
サイズ／H21.7×W15.7×D1.3cm（A5）
重さ／300g
価格／3700円
問い合わせ先／イー・ウーマン
※「合皮ベルージャタイプ」の場合

使っているのはこれ

今年のゴールデンウイークから使い始めた「アクションプランナー」。「それまで使っていた手帳に比べると、薄いし、軽くて、持ち歩きに◎」。

いつ手帳を書いてる？

月・水のランチタイム

「今週と来週の時間の使い方を見直すための手帳タイム。キャパオーバーにならないように調整」

ルーズリーフで家計簿から投資、将来設計まで

家計管理上手のマネーノートを公開!

日々の家計簿だけじゃない! 貯め上手、やりくり上手の女性たちは、投資情報や給与の推移、将来の目標など、お金のすべてを1冊で管理。活用しているのは「ルーズリーフ」。お金のすべてをまとめられる、マネーノートの作り方を紹介します!

ルーズリーフはこう使う!

家計管理ファイル(左)
① 毎月の家計簿
② 毎月の水道・光熱費表
③ 1年ごとの特別支出の記録
④ クレジットカードの使用記録
⑤ 電子マネーの使用記録
⑥ 洋服／家電／子供関連費用
　それぞれの購入記録
⑦ ふるさと納税の返礼品／寄付金
　ワンストップの手続きの記録　など

投資ファイル(中)
① 気になる株の内容の早見表
② 実際に購入した株の記録
③ 株の売買の記録
④ 毎日の為替レート、
　株価指数の記録表　など

Case 1

夫と子供2人の4人暮らし

家計の見える化で使いすぎ防止! オリジナルの記入シートを作りました

建設・事務
haguさん(仮名・34歳)
◯ hagumemo

貯蓄投資総額	**900**万円	(夫婦合算)
手取り年収	**300**万円	(世帯年収860万円)
手取り月収	**17**万円	(世帯月収55万円)
月々の貯蓄額	**5**万円	(夫婦合算17万円)

CHAPTER 3　FOR RECORDS

3年前の住宅購入を機に、家計簿をつけ始めたhaguさん。「世帯年収の30％貯蓄が目標でしたが、当時は15％しかできていなかったんです」。実際に書き出すと、ムダな買い物が多いと判明。「カードや電子マネーなど、"財布から消えないお金"をノートで見える化したことで、家計管理しやすくなりました」。

haguさんの家計簿は、無地のルーズリーフにオリジナルのフォーマットを印刷したもの。「教育費と夫婦の老後資金を考えると、今の貯蓄ペースではまだまだ。投資ノートで勉強しながら、株式など積極的に投資もしています」。

家計管理

手帳の出費メモを
週末にまとめて記録

まずは手帳に記入！

STEP 1

**使ったお金は手帳に
毎日メモしていく**

「ジブン手帳Biz」のスケジュールページで、毎日の購入したモノを管理。「1日のスケジュール欄に、その日の支出をメモ。オレンジはクレジットカードなどと色分けしています」。

Case 1 hagu さんのノート

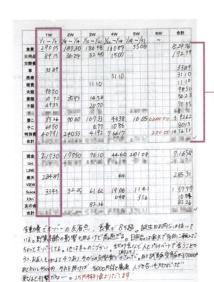

縦1列で
1週間分

費目ごと
に合算

固定費など金額の変動が
ない項目は月初に記入

変動費は月末に
合算して記入

毎月変わる
特別支出は、
費目も手書きで

STEP 2

日曜日に
費目ごとに合算して
家計簿に記入

週末、手帳のメモを見ながら、ルーズリーフの上段に費目ごとに1週間分の合計額を、下段に、現金、カード、電子マネーで、それぞれいくら使ったかを記入し、財布から消えないお金も見える化。

STEP 3

月末に1カ月分
まとめて記入し
反省会！

STEP2の家計簿の裏に、1カ月の費目ごとの合算と、収支を書くシートを印刷。「全部の金額を見直し、STEP2のシートの下に、その月の反省を書きます」。

CHAPTER 3　FOR RECORDS

日々の記録編

投資管理

勉強しながら、あえて強気の投資を！

株や為替の勉強も！

毎日の株価指数と為替レートの記録表

勉強のために日経平均、TOPIX、NYダウなど、主要な株価指数を一覧に。「朝会社で、始業前に書いています」。右側には世の中の動向などもメモして、株の動きと併せて分析している。

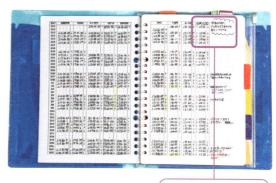

気になる株の比較表

積み立ての投資信託をやめ、株式投資に挑戦中！「購入する銘柄研究のために、配当や株主優待の内容などを詳細に記入。事業内容や、会社にまつわるトピックスも書き込んでおきます」。

Case 2

妹とルームシェア1年目

貯まる家計を模索中！作り置きシートで食費を管理

インターネット事業・ウェブディレクター
まいさん(仮名・25歳)

@ mai_moneymemo

貯蓄投資総額	**100**万円
手取り年収	**360**万円
手取り月収	**24**万円 + 副業で5万〜10万円
月々の貯蓄額	**2**万**5000** 〜 **6**万円

ルーズリーフはこう使う！

項目ごとに無印良品のインデックスシートで分けてファイル。ひと目で目的のページに行きつくようにしている。

家計管理ファイル
① 毎月の家計簿
② 毎月の水道・光熱費表
③ 1年ごとの、毎月の給与
　（支給額と基本給や控除など、明細の内訳）を表にしたもの
④ 貯蓄額の記録
⑤ 毎月のカードの利用記録
⑥ 作り置き家計簿
⑦ お金の目標
⑧ 将来かかるお金の計算　など

1年前に実家を出て、妹とふたり暮らしを始めたまいさんは、家計簿でやりくりを勉強中！「まずは、日々の生活費のムダを見直し、少しずつ貯蓄も増やしていきたい」と目標を掲げる。特に役立っているのは、おかずの作り置きをベースに食費の計画を立てる"作り置き家計簿"だ。「財布に優しく、食材もムダにしない買い物の仕方が身に付いてきました」。

結婚や引っ越しなど、未来の出費もノートに記入し、貯蓄目標を立てている。「手作りインテリアをオンラインで売る副業をしていますが、その収入はすべて将来に向けて貯蓄に回しています」。

CHAPTER 3　FOR RECORDS

食費管理

作り置き家計簿で
食費のムダがなくなった

必要な食材が一目瞭然！

買った食材はカラーマーカーで分類

下のスペースに書き切れないときは、上にはみ出して記入

STEP 1

土日に翌週の献立を考え、「作り置き」をリスト化

外食の予定があるときは少なめなど、翌週の予定に合わせてメニューを考案。1週間の書き込み欄の下に、メニューを書き込んでいく。

STEP 2

必要な食材をメモに書き出し、1週間分の買い出し

必要な食材や調味料をメモし、スーパーへ。「安売りしている商品があったら、メニューを変えることもあります」。

Case 2 まいさんのノート

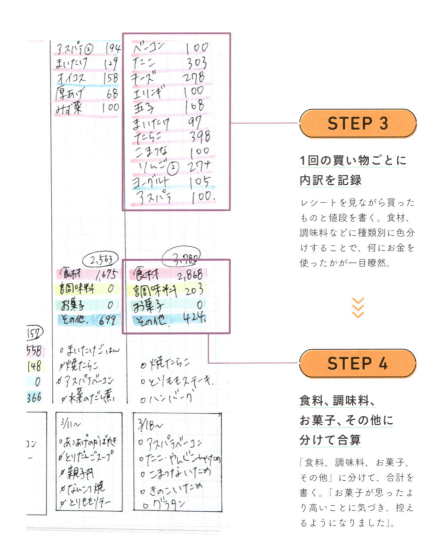

STEP 3

1回の買い物ごとに内訳を記録

レシートを見ながら買ったものと値段を書く。食材、調味料などに種類別に色分けすることで、何にお金を使ったかが一目瞭然。

STEP 4

食料、調味料、お菓子、その他に分けて合算

「食料、調味料、お菓子、その他」に分けて、合計を書く。「お菓子が思ったより高いことに気づき、控えるようになりました」。

CHAPTER 3　FOR RECORDS

[未来ビジョン]

将来の目標と
必要なお金を明確に

未来のことも
ノートで計画！

"女性の人生"にかかる
費用をリスト化

結婚を軸に、結婚費用、引っ越し資金などの出費から、育児休業給付金などのもらえるお金までリスト化。「貯蓄計画だけでなく、いつ子供を持つかなどを考える参考になります」。

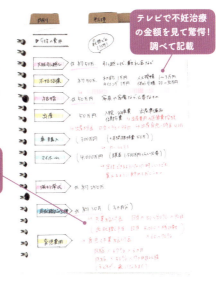

テレビで不妊治療の金額を見て驚愕！調べて記載

子供を生む場合の補助金を、正社員と非正規社員とで比較

見直して必要ないと感じたら線で消す

1年間の「やりたいこと・
欲しいモノ」をリスト化

最初のページに　買いたいものや、夢の実現にかかる経費を書いておく。「こまめに見て、本当に欲しいかを検討。実際に購入するときは、予算よりも安く買うように心がけます」。

実現した場合は、線で消しつつ、使った金額を書く

すきま時間に

学び続けている人の「勉強ノート」を拝見！

働きながら教養力や語学力を磨いている人の「勉強ノート」には、何度でも見返したくなるための工夫や、何年も継続するための秘訣がありました。

Case 1

語学を学ぶ

モチベーションが上がる！韓国語勉強ノート

医療・事務
堀 七帆さん(25歳)

Korean Study Note

日々の記録編

CHAPTER 3　FOR RECORDS

20歳のときにK-POPが好きになり、独学で韓国語を学び始めた堀七帆さん。テキストの要点を写したり、単語を何度も書いて覚えたりと、1冊のノートに勉強の成果をすべて残すのが堀さん流。「ノートを見返すたびに、こんなに勉強してきたんだと、自信とモチベーションにつながります」。5年間に12回韓国に行き、勉強の成果を少しずつ実感。『ハングル』能力検定試験」にも挑戦するなど、ノートでスキルアップを実現中だ。

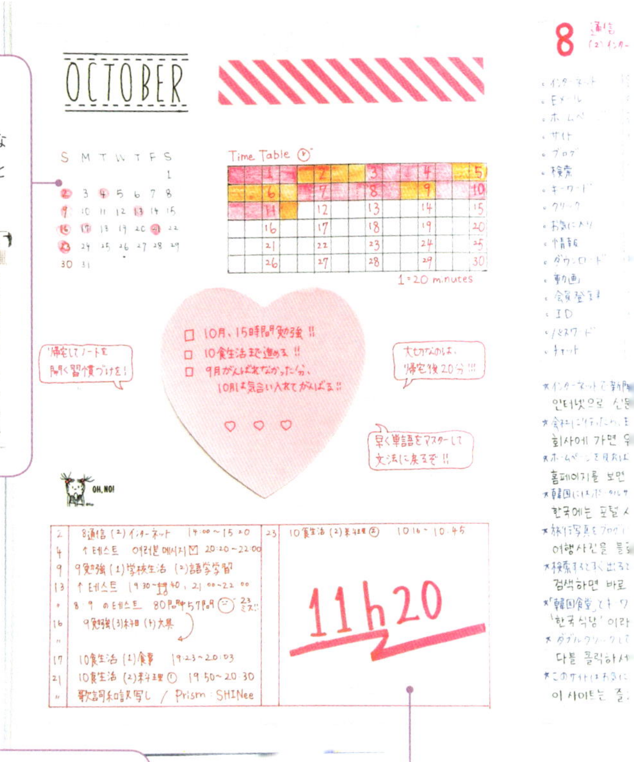

韓国語でカレンダーを書く

「勉強した日は内容と時間、しなかった日は『友達と遊ぶ』などと韓国語で書き込みます」

これでモチベーションアップ！

スタディプランナーを作る

「韓国で人気の、勉強に特化した手帳『スタディプランナー』を真似て作成。月ごとに、学習内容や勉強した時間がひと目で分かります」

Case 1 　堀さんのノート

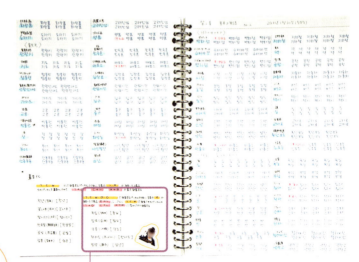

これでモチベーションアップ！

覚えたい単語は
青ペンで繰り返し書く

「青ペンで書くと記憶に残りやすいと聞いて、単語を覚えるときは青ペンを使います。さらに、単語は例文とセットで覚えるように心がけています」

苦手な内容には好きな
タレントの写真を貼る

「やりたくないな、と思うところに、あえて好きなタレントさんの写真を貼る。自分を励ましながら苦手分野を克服しています」（笑）

勉強用の文具セット。「青ペンはよく使うので、気分を変えるために数種類用意します」。

使っているのはこのノート

無印良品のA4の横罫ノートとルーズリーフも。

日々の記録編

CHAPTER 3　FOR RECORDS

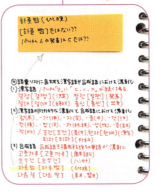

これで
モチベーション
アップ！

疑問を付箋に書き
インスタにアップしたら解決

「あるときノートをインスタにアップしたら、付箋に書いた疑問に気づいて答えを書き込んでくれた人がいて、すごいと感動！ インスタつながりで韓国語を勉強している仲間も増えました」

―― 勉強ノートの使い方 ――

Q 勉強ノートとは？

A 「韓国語学習の記録を残すことで自信をつけ、仲間と共有してやる気を高める、勉強の証」

Q いつ書くの？

A 「勉強するのは夜2時間くらい。ただ、無理はせず、用事がないときに楽しく学んでいます」

Q いつ見返すの？

A 「勉強中。ポイントをまとめたページには付箋を貼り、いつでも見返せるようにしています」

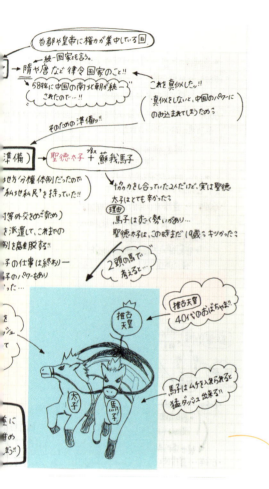

Case 2

教養を高める

記憶に残る！
日本史
勉強ノート

製造・事務
黛 有加里さん（30歳）

Japanese History Study Note

「長女を妊娠中だった2007年に、戦国時代や幕末の本を読んで日本史にハマりました」。黛有加里さんはフルタイムで働きながら、古代から現代までの「通史」をノートにまとめている。「趣味としての勉強ですけど、せっかくなので「歴史能力検定」を受けようと。学んだことを記憶に残すために、イラストや矢印で工夫して、見返すのが楽しみな『最強の日本史ノート』を作っています」。楽しそうな黛さんを見て、次女も歴史ノートを作り始めたそうだ。

第3講 大和時代 Ⅱ

1. 飛鳥時代 —中央集権国家の確立—

① 聖徳太子 (厩戸皇子) の政治 〜中央集権国家の準備〜

★ 聖徳太子の政治改革
　→ 蘇我馬子との二頭政治

厩戸皇子 (うまやどのみこ)【574〜622】
593〜622年に推古天皇の摂政になったと言われる。父は用明天皇。後に聖徳太子とも呼ばれ、上宮王とも言う。官僚的官僚国家を準備した。

- 593年… 聖徳太子、叔母にあたる推古天皇の摂政・皇太子となる。
- 594年… 仏教興隆 (こうりゅう) の詔 (みことのり)
- 603年… 冠位十二階の制 → 徳 (とく)・仁 (じん)・礼 (らい)・信 (しん)・義 (ぎ)・智 (ち) を大小に分ける十二階。

☆ 身分にとらわれない人材登用と世襲制の打破が目的

産まれた時から身分が決まっているのではなく、頑張ってる人間が上に行ける制度!!

徳・仁・礼・信・義・智
大　小　大　小　大　小
徳　徳　仁　仁　礼　礼 … 小智
NO.1の冠位　　　　　　　最下位

- 604年… 憲法十七条 → 我が国初の成文法
☆ 豪族に対し、朝廷の官人としての政治的・道徳的訓戒を示す。

この2つは、遣隋使を派遣するための準備だった。

- 607年… 斑鳩寺 (いかるがでら)【法隆寺】の建立
- 620年… 「天皇記」「国記」の編纂
　→ 蘇我馬子と共同で国史を編纂した。

しかし現存していない!!
理由　大化の改新の時に蘇我氏が焼いてしまったため。

推古天皇 (すいこてんのう)【554〜628】
第33代天皇 (在位592〜628年)。史上初の女帝。敏達 (びだつ) 天皇の皇后だったが崇峻天皇が蘇我馬子の謀略で暗殺された後、馬子に請われて即位した。翌593年、甥の厩戸王を摂政・皇太子とし政治を行わせた。その治世は蘇我氏の全盛期にあたり、叔父の馬子が権勢を振るうが、天皇として毅然とした態度で接したと言われている。

摂政 (せっしょう)
天皇の代わりに国政を執る職。7世紀は中大兄皇子ら皇太子がその役職を果たし、皇族摂政と呼ばれる。厩戸王が摂政となったかは疑問がある。

詳しく!! その1

中央集権国家 →

めざせッ!
中央集権国家!!

ホップ (準備

・この頃はまだ地方分各豪族は、"私地

内容 (隋と対等に
　→遣隋使を派遣
　冊封体制を脱

ーここまでが聖徳太子の仕
※これ以降は、馬子のパ出来なかった…

聖徳太子は、ムチを入れながらも、独ダッシュ出来たが、馬子について行けなかった!!

結果
この2人のダッシュの差によりなかなか前に進めなかった (空回りしてしまう)

これで記憶に残る!

アプリで受講した講義をまとめるのがベース

大学受験用の講義をアプリで受講して、ノートのベースに。「すごく面白いけど講義の板書は文字が主体なので、図やイラストを追加します」。

参考書などから追加で補った内容を付箋で貼る

講義がベースのノートを"最強"にするために、資料集などから得た知識を付箋に書いて貼る。「カラフルにすると、目に入って覚えやすいです」。

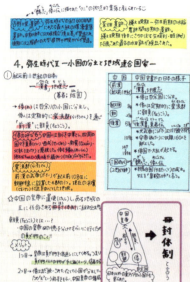
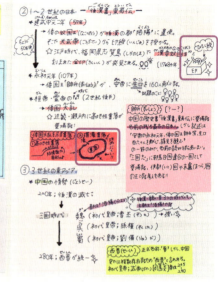

イラストや矢印を
効果的に使って印象づける

「大事な点は太いペンを使ったり、イラストにしたり。見返したときにぱっと目に入るように工夫して、記憶に残るようにします」

これで記憶に残る！

CHAPTER 3　FOR RECORDS

日々の記録編

愛用しているのは…

使っているのは このノート

キャンパスの5mm方眼ノート。「今は2冊目で平安時代です」。

Notebook

\ apps /

アプリはこれ

スタディサプリの人気講師、伊藤賀一さんの講座を受講している。

参考書はこれ

「写真がきれいで見ていて飽きない。書き写すと、より記憶に残ります」。
『山川 詳説 日本史図録』／山川出版社

Reference Book

勉強ノートの使い方

Q 勉強ノートとは？

A 「講義や参考書の要点をすべて1冊にまとめた、世界に1冊だけの最強の日本史ノート」

Q いつ書くの？

A 「朝、家族を送り出してから仕事に出かける前までの、7時から8時半までと決めています」

Q いつ見返すの？

A 「勉強中はもちろん、夜に15分ほど時間があるときに。いずれ試験前にも見返すと思います」

脱・三日坊主!

「手帳が続かない」問題、これで解決!

手帳を買っても最後まで使いこなせず、いつも三日坊主になってしまう。
そんな「手帳コンプレックス女子」のために、今度こそ、
最後まで手帳を使い切れる人になるコツを伝授します。

―― 自分に合う使い方で手帳が最高の"相棒"に

この人たちに聞きました

**日本能率協会マネジメントセンター
NPB事業本部　NOLTY企画部
青木麻衣也さん**

自社の手帳ブランド「NOLTY」の商品企画・開発を担当。ユーザーにとって使いやすい機能や、気分が上がる表紙素材などを日々研究中。

**アンカリング・イノベーション代表取締役
大平信孝さん**

メンタルコーチ。最新脳科学とアドラー心理学とを組み合わせた独自の「行動イノベーション」で、7800人以上の目標実現をサポート。著書は『先延ばしは1冊のノートでなくなる』(大和書房)。

「手帳は目標達成のためのツールのひとつ。手帳を使ってかなえたい目標や得たいことを決めるのが、手帳を使い続けるコツ」

そう話すのは、メンタルコーチの大平信孝さん。とはいえ、完璧に使いこなそうと思うのは逆効果。「特に手帳初心者は、使いこなし方のルールを絞り込み、ハードルを下げることも大切です」(大平さん)。

手帳を開くタイミングはいつがいいの? 手帳に詳しい日本能率協会マネジメントセンターの青木麻衣也さんは、「主に仕事に使う人は朝、日々の振り返りに手帳を使いたい人は夜がおすすめ」とアドバイスする。

「なんだか開くのが憂鬱だなと思ったら、使い方のルールを変えてみて。自分に合った手帳との向き合い方が見つかると、毎日のいい"相棒"になってくれますよ」。

CHAPTER 3　FOR RECORDS

日々の記録編

STEP 1

手帳の役割＆使う目的をハッキリさせる

まずは、手帳を使って何がしたいのかを明確にしよう。
仕事なら「残業を減らす」「ミスをなくす」など具体化するのがおすすめ。
使い方をイメージしたり、書く気を持続させたりしやすくなる。

【仕事なら…】
- ☑ ミスをなくしたい
- ☑ 締め切りを守れるようになりたい
- ☑ 効率良く仕事を終わらせたい
- ☑ 複数の仕事を上手に進めたい
- ☑ メンバーの仕事の進捗も管理したい

【プライベートなら…】
- ☑ 休みの日を充実させたい
- ☑ お金を上手に管理したい
- ☑ 元気＆キレイをキープしたい
- ☑ すき間時間にスキルアップしたい
- ☑ 楽しい記録を残したい

STEP 2

上手に手帳を使っている人のワザを1つ、まねしてみる

手帳を使う目的がハッキリしたら、この本に出てくる女性たちの
手帳を見ながら、「目標達成に使えそうなワザ」を選ぼう。
予定の書き方、スペースの使い方、色の使い分けなどなんでもOK。

手帳美人のワザ、ここをチェック！

- 手帳のどこに何を書いている？
- どんなタイプの手帳を使っている？
- ペンの色、スタンプ、シール…どんなルールを決めている？
- どのタイミングで開いてる＆書いている？

STEP 3

1日1回、手帳タイムをつくってワザを実行

1日1回手帳を開き、STEP2で選んだワザを実践しよう。楽しくなってきたら、朝、昼食前、寝る前など、生活の区切りのタイミングで1日3回程度、手帳タイムを持てると愛着がぐっと深まる。

HINT 1
手に取りやすい場所に手帳を置いておく

仕事に使いたい人は…

バッグに入れて常に持ち歩く

「落ち着いて手帳を開く時間がない人ほど、常に持ち歩くことが大事。スマホを見る時間を数回、手帳を開く時間に置き換えて」(青木さん)

プライベートに使いたい人は…

食卓やベッド横を手帳の"定位置"に

テーブルやベッドの横など、日常生活のなかで長く過ごす場所に手帳を置いておくと、さっと開けて手帳タイムを習慣化しやすい。

HINT 2
自分に合った時間帯を決める

手帳を仕事のタスクや時間管理に使いたい人は、朝の始業前に手帳タイムを設けるといい。「1日の段取りを考え、やる気をアップする時間にしましょう」(青木さん)。毎日の記録をつけたり、自分の心や体と向き合うためなどに使いたい人は、寝る前に書く習慣を。

手帳を使って
1日の段取りを考え、
やる気をアップ
したいなら

朝がおすすめ

1日を振り返り、
自分と向き合ったり、
心を静めたり
したいなら

夜がおすすめ

CHAPTER 3 FOR RECORDS

それでも続かない人は…

HINT 1

書き方、書く場所、書く量を変えてみる

書き方のルールを絞り込む、カフェで開いてみるなど、いろいろな方法を試しながら、自分に合う書き方を見つけよう。「『必ず毎日、書かなくちゃ』『きれいに書かないと気が済まない』といった完璧手帳をやめるのも、使い続けるコツのひとつ」（大平さん）。

× ルールが多すぎない？　　× たくさん書こうとしていない？　　× 書きにくい手帳＆スペースを使っていない？

HINT 2

手帳と一緒に使いたい文具をそろえてやる気アップ！

お気に入りのペンやシール、マスキングテープなど、手帳と一緒に使うと楽しい文具を1つ、買ってみよう。それを手帳と一緒に持ち歩くだけで手帳を書きたい、使いたい気持ちがアップ。

HINT 3

お気に入りのページや書き方ができたらSNSで友達と共有！

書いたページをインスタグラムなどのSNSにアップし、友達と共有しよう。「周囲の目や反響があると励みになり、やる気が持続しやすい」（大平さん）。

人気文具メーカー女子が誌上プレゼン！

仕事&人生を輝かせるノート

「このノートを使うだけで、仕事もプライベートも充実します！」。そんな人気文具メーカーのイチオシノートと使い方を、各社の女子社員が誌上プレゼン！

Brand 1
コクヨ

ラクに持ち運べて、毎日が充実するノート

私がプレゼン

ステーショナリー事業本部 マーケティング本部
Cサプライマーケティング部
販売戦略グループ グループリーダー
本村香代子さん(36歳)

全国でさまざまな表紙デザインの「測量野帳」が限定販売されている。「知らないデザインに出合うとうれしい！」。

全面3mm方眼

9.5cm

16.5cm

SKETCH BOOK

+ ITEM
ポシェットに収まる携帯性に優れたサイズ

バッグインバッグ「ビズラックアップ」（コクヨ）にすっぽり入る、厚さ6mmのコンパクトサイズ。

＼すっぽり／

スリムサイズのペンで細かくたくさん書く

カフェで書くことが多いため、携帯しやすい0.38mm芯の「フリクションボールスリムビズ」（パイロット）を使用。

+ ITEM

イチオシノート

測量野帳（スケッチ）／200円
問い合わせ先
http://www.kokuyo-st.co.jp/

CHAPTER 3　FOR RECORDS

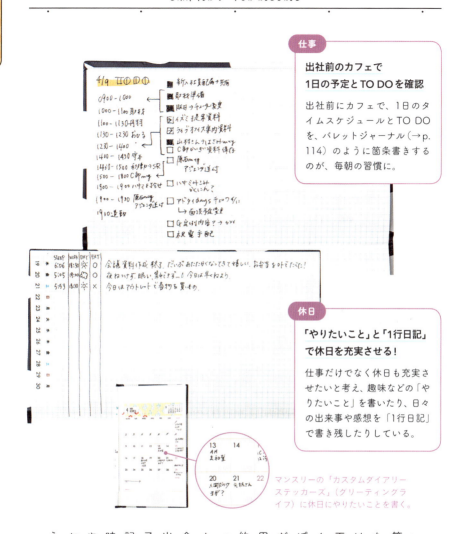

仕事

出社前のカフェで1日の予定とTO DOを確認

出社前にカフェで、1日のタイムスケジュールとTO DOを、バレットジャーナル（→p.114）のように箇条書きするのが、毎朝の習慣に。

休日

「やりたいこと」と「1行日記」で休日を充実させる！

仕事だけでなく休日も充実させたいと考え、趣味などの「やりたいこと」を書いたり、日々の出来事や感想を「1行日記」で書き残したりしている。

マンスリーの「カスタムダイアリーステッカーズ」（グリーティングライフ）に休日にやりたいことを書く。

「社員が自分の席を持たないフリーアドレス制なので、筆記用具はポシェットで持ち歩いています」と話すのは、コクヨで文具の営業企画を手がける本村香代子さん。そのポシェットにすっぽり入るのが「測量野帳」だ。50年以上前に測量業務用に開発されたノートで、約70gという軽さも気に入っている。仕事とプライベートを1冊にまとめ、打ち合わせのメモはもちろん、出社前や休日に、カフェで予定やTO DO、1行日記を記録。「カフェで書く時間は、日々を振り返り、やりたいことを考えられる。おかげで毎日が充実するようになりました」。

Brand 2
デザインフィル
（タッチアンドフロー）

カラー用紙で
モチベーションと
発想力がアップ！

私がプレゼン

TOUCH & FLOW
日本橋高島屋S.C.店店長
千葉幸栄さん(37歳)

ビビッドなカラーの中紙は6種類

中紙のカラーは6種類用意。その日の気分や、好みのペンの色との相性を考えて使い分けても楽しい。

ITEM
イエローの紙と相性がいいブルーのインクの万年筆

愛用するのは、万年筆「カクノ」（パイロット）。1080円というリーズナブルな価格で"万年筆初心者"も使いやすい。

ITEM
しおりにもなるインク吸い取り紙

万年筆のインクの吸い取り紙「ヴィンテージ・ビュバー」（タッチアンドフロー）は、しおり代わりにもなる。ビンテージの絵柄がおしゃれ。

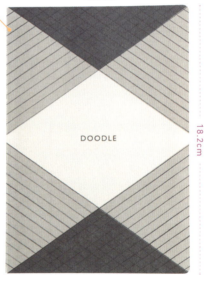

12.8cm

18.2cm

DOODLE

イチオシノート

T&F ノート〈ドゥードル〉(B6)／600円
問い合わせ先
http://www.touch-and-flow.jp/

マンスリー手帳とノートを1冊にまとめられるカバー「T&F バンブーリネン カバー ベージュ」（タッチアンドフロー）にセットして持ち運ぶ。

日々の記録編

CHAPTER 3　FOR RECORDS

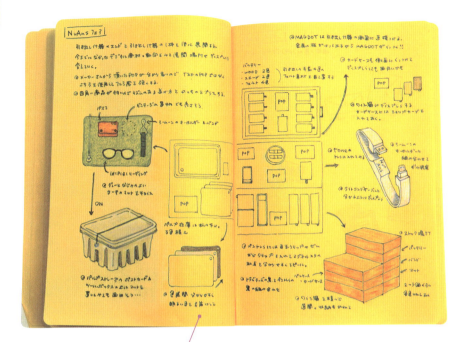

完成した店舗レイアウト

店舗のレイアウトを紙面上でイメージする

モチベーションが上がるイエローの紙に、商品を魅力的に魅せるための店内レイアウトを、想像を膨らませながら描いていく時間が楽しい。

デザインフィルが運営する、大人のためのステーショナリーショップ「TOUCH & FLOW 日本橋高島屋S.C.店」で店長を務める千葉幸栄さん。店頭に並べる商品の特徴を余すことなく把握し、店内のレイアウトを考えるのも仕事のひとつだ。そんな仕事をサポートする相棒が、「T&F ノート〈ドゥードル〉」。

最大の特徴はビビッドなカラーの中紙だ。「商品の特徴や店内レイアウトを、このイエローの紙にマッチしたブルーのインクの万年筆でサラサラと描いていく。そんな時間が楽しいんです。200ページもあるので、気軽に描けます」。

103

Brand 3 プラス

情報をまとめやすく見やすい「A4の1/3」サイズ

私がプレゼン

ステーショナリーカンパニー
第二製品事業部 はさみ・生活用品部
育成生活用品グループ
池田茉莉さん(30歳)

5mm / 180度開く

厚さ5mmでかさばらず パタンと開くので書きやすい

厚さ5mmで片手で持ち運べる。180度開くので、見開きにマインドマップを描きながら思考を整理しやすいという。

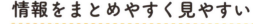

✚ ITEM **専用ビニールカバーのポケットにスマホとペンを収納**

表紙の汚れを防ぐ専用のビニールカバーを使えば、カバーのポケットにスマートフォンやペン、付箋、名刺などをひとつにまとめて持ち運べる。

✚ ITEM **専用テンプレートを切って貼る文具**

テンプレートを切ってノートに貼る際に欠かせない、カッターの「オランテ」、テープのり「ノリノプロ（キレイにはがせる）」（いずれもプラス）。

佐藤オオキさんモデルのフリクションを愛用

5mm方眼 / 10.5cm / 21.5cm / Ca.Crea A4/3

イチオシノート

カ.クリエ／380円
問い合わせ先
https://bungu.plus.co.jp/

CHAPTER 3　FOR RECORDS

試作品への同僚らの感想をまとめて一覧に

部署内のデスクを回って、試作品の感想を同僚たちに聞くこともしばしば。パタンと開くので、見開きを使って一覧にまとめやすく、改良点を検討しやすい。

A4サイズの用紙を3つ折りで収納できる

専用サイトからダウンロードしたA4サイズのテンプレートを、3つ折りにして収納できる。テンプレートは、スケジュール表やTO DOリストなど仕事に役立つものばかり。

プラスで、刃を折らずに使い続けられるカッター「オランテ」など、金属系文具の開発を手がける池田茉莉さん。仕事上欠かせないのが、入社以来使い続けている「カ.クリエ」だ。

理由の1つは、厚さ5mmでA4の1/3サイズという、携帯性に優れた独自のサイズ。また、少し硬めの表紙で、試作品の感想を、同僚たちに聞いて回るときも、立ったままメモしやすい。

「書き心地がいい滑らかなクリーム色の紙も気に入っています。淡いグリーン方眼は、議事録、図面、アイデアメモなどあらゆる用途に使いやすく、コピーしても写りません」。表紙のカラーも12種と豊富。

Brand 4 リヒトラブ

用紙を差し替えて ON と OFF を2つのノートに仕分けて管理

私がプレゼン

販売計画部
金親美波さん(25歳)

上のようにリーフを持って上下斜めに軽く引くと簡単に綴じ具が開く。閉じる際はリングをつまむだけ。

ITEM
愛用している文具たち

愛用するのは、ファスナーを全開するとトレーになるシリコン素材の「Bloominトレーペンケース」（リヒトラブ）、0.5mmゲルインクの「SAKURA craft_lab 002」（サクラクレパス）、そして36色のステッドラーの色鉛筆。

15.9cm / 21cm

イチオシノート

hirakuno ツイストノート／480円

問い合わせ先
http://www.lihit-lab.com/

CHAPTER 3 FOR RECORDS

日々の記録編

ファッションノートにリーフを移動 ＼帰宅後／

帰宅後、会社でデッサンしたリーフを取り外し、家に置いてあるファッションノートに差し込む。

インスタグラムで見つけた好みのファッションをデッサン ＼ランチタイム／

インスタグラムにアップされている、気になるファッションを仕事用ノートの右ページに描き写す。

手持ちの洋服と、気になるコーディネートを照らし合わせ、購入する洋服を検討！

左ページには自分が持っている洋服をカテゴリー別にイラスト化。右ページの気になるコーディネートを見ながら購入する洋服を検討し、衝動買いを防ぐ。

縦横どちらも使いやすい全面5㎜方眼で、簡単に綴じ具が開き、リフィルを交換できるバインダー式リングノート。これを愛用するのは、リヒトラブで商品の販売方法などを考える金親美波さん。そんな彼女は洋服が大好き！昼休みにインスタグラムを眺めながら、気になるファッションコーディネートを仕事用ノートに、イラストにして描き込んでいる。

「帰宅後、描き込んだリーフだけを取り外し、家にある『hirakunoツイストノート』に移動します」。購入したい洋服のデザインが明確になり、オリジナルのファッションノートの作成を楽しめる。

107

Brand 5
マークス

付箋を並べ替えて
アイデアを形にしやすい
横型タイプ

私がプレゼン

クリエイティブセンター
企画開発チーム
日置萌乃さん(27歳)

表紙には立体シールを貼って、社内でも自分のノートが一目で分かるようにアレンジ。

25.6cm

18.5cm

EDiT

7mmドット方眼

アイデアを書いて貼れる
付箋シートつき

2色のさまざまな大きさの付箋つき。付箋にアイデアやキーワードをメモし、横型ノートに貼れば、俯瞰して考察しやすい。

イチオシノート

EDiT アイデア用ノート／
1500円

問い合わせ先
http://www.edit-marks.jp/

CHAPTER 3　FOR RECORDS

日々の記録編

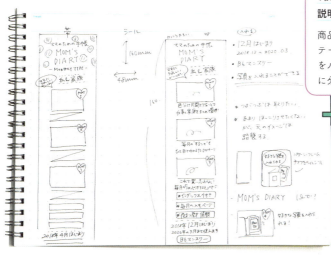

1枚にデザイン案や説明をまとめやすい

商品のデザイン案は、ワンテーマ1枚でまとめることをルール化。見返したときに分かりやすいという。

＋ ITEM

デザインなどがスラスラ描きやすい

「ゲルインキボールペン ジュース アップ 03」(パイロット)を愛用。0.3mmの極細ペンで、細かいデザインもスラスラ描きやすい。

付箋でプレゼン資料の構成を考える

どの順番なら説得力が増すか、小さなホワイトボードのようなノートとにらめっこしながら、75×75mmの付箋を貼り替えてプレゼン資料の構成を考える。

マークスの日置萌乃さんは、3年前に手帳の表紙デザインを企画するチームに異動し、アイデアをメモする機会が増えた。そこで役立っているのが、アイデア用に開発された右のノートだ。全体像を俯瞰しやすく情報分析や構想の組み立てに最適な横型タイプ。淡いブルーのドット罫が程よいガイドとなり、議事録も商品デザインも書きやすいという。また、アイデアを書いた付属の付箋をノートの上で貼り替えると、プレゼン資料の構成が整理しやすい。「ページを切り取れるリング式なので、不要なページは切り離し、アイデア帳として保管します」。

Brand 6 コクヨ

思考の幅を広げる見開きA3の大判サイズ

（私がプレゼン）

ワークスタイル研究所
ワークサイトグループ
リサーチャー／ワークスタイルコンサルタント
樋口美由紀さん

21cm
29.7cm

書いた内容がひと目で分かるように、表紙にタイトルと内容をイメージしやすいイラストを。

（イチオシノート）

キャンパスノート
（A4、ドット入り罫線、方眼罫）
／380円

問い合わせ先
http://www.kokuyo-st.co.jp

CHAPTER 3 FOR RECORDS

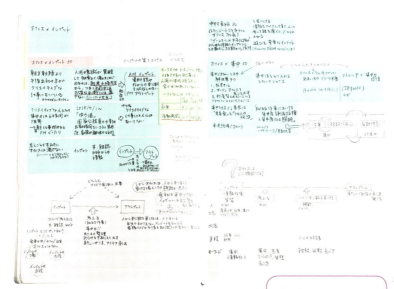

大きなノートで俯瞰しながらプレゼン資料の構成を考える

収集した情報を付箋に書いて貼り、プレゼン資料の構成を考える。縮小した資料をノートに貼って俯瞰すれば、全体の流れをチェックしやすい。

コクヨの樋口美由紀さんは、ワークスタイル研究員として、働き方に関するリサーチや社内外でのセミナー講演を多数こなす。その為、取材やリサーチで得た情報を記録したり、プレゼン資料を作成したりするためにノートを使う。いろいろなタイプを試した結果、最もしっくりきたのが「キャンパスノート」のA4サイズ。「収集した情報をまとめ、パワーポイント用の資料を作る際に、見開きA3サイズになる大判ノートは、俯瞰しやすく、思考の幅も広がります」。同サイズのファイルと一緒に、フアイルボックスに整理しやすい点も気に入っている。

Brand 6 コクヨの大判ノート

ITEM

筆圧が強くても折れにくいシャープペンシル

0.7mm芯の「鉛筆シャープタイプS」は筆圧が高い人も書きやすい。好みのグリップやインクが選べる「エラベルノ」(いずれもコクヨ)も愛用。

背表紙にタイトルを書いて取り出しやすく

「モバイルバッグ〈mo・baco〉」(コクヨ)にノートを入れて社内を移動。背表紙にタイトルを書けば、ひと目で取り出せる。

CHAPTER 4

毎日がうまく回りだす
箇条書き手帳 編

箇条書きと記号を使って素早く記録するノート術が世界中で注目を集めています。基本の書き方を押さえれば、あとは自分好みにカスタマイズOK。うっかりミス防止の備忘録にも、自分の未来のための記録にも使えます。思いついたことを自由に記録して毎日を充実させる、新しいノート術にチャレンジしてみて。

FOR ITEMIZATION

「箇条書き手帳」で毎日がもっとうまくいく！

箇条書きと記号を使い、日々のタスクを管理する「バレットジャーナル（BUJO）」が、今、インスタグラムを中心に流行中！でもどうやって始めるの？　その書き方を解説します。

まず初めに…

ここで使ったのは

ロイヒトトゥルム ノート ポケット A6方眼

「下の端にページ番号が振ってあり、インデックスページもある上、しおりも2本付いていて便利！」とMarieさんも愛用中のノート。ドット罫がお気に入りだそう。

「Key」を決める

タスクの作成は「・」、タスク完了は「×」など、箇条書きにしたタスクに打つ「Key」という記号を決める。「あまりにもKeyの種類が多いと混乱するので、シンプルかつ覚えやすい記号に絞りましょう」。

MarieさんのKeyはチェックボックス型

「私はKeyをチェックボックスにして『完了は塗りつぶし』、『未完了は斜線』と使い分けています。進捗状況がひと目で分かります」

ノートを用意する

ノートのデザインやサイズは自由。ただ、小さすぎると書き込みにくく、大きいと持ち歩きにくいので、自分に適したサイズを選ぶのがベター。慣れるまでは罫線(けいせん)が引いてあるものを選ぶと書きやすい。

ノートにページ番号を振っていく

1ページ目から順にページ番号を振っていくことで、インデックスと連動し、どこに何が書いてあるか、すぐに探し出せる。ロイヒトトゥルムなど、最初からページ番号が入ったノートを使うのもお勧め。

インデックスを作る

インデックスページがない、普通のノートを使う場合は、最初の3〜4ページをインデックス用に残しておく。「p.92から4月がスタート」など、ページと内容をリンクして記入し、見返すときの検索性をアップ。

箇条書き手帳編

CHAPTER 4　FOR ITEMIZATION

小さなコンプレックスを解消する力になるノート

アメリカ発祥の、箇条書きと記号でタスクを管理するノート術「バレットジャーナル」が、今、世界で注目を集めている。

ネットで検索すると、アート作品のような"進化版"バレットジャーナルの解説書を執筆したMarieさんは、「私自身、うっかり忘れが多いことがコンプレックスでしたが、バレットジャーナルにタスクを書くことで、忘れてもノート

を見ればいいという安心感が、生活に生まれました」と言う。

バレットジャーナルの解説書に圧倒されるが、「本来はとてもシンプルなもの。忘れっぽかったり、三日坊主だったり、小さなコンプレックスがある人にこそ試してほしいです」。まずは基本の書き方から始めよう！

この人に聞きました

ブロガー
Marieさん

ブログ『Mandarinnote』で語学学習法やバレットジャーナルの書き方を紹介。著書に『「箇条書き手帳」でうまくいく』（ディスカヴァー・トゥエンティワン）、『英語が身につくちいさなノート術』（KADOKAWA）など。

STEP 1

「フューチャーログ」で6カ月分の予定を俯瞰

インデックスの次は「フューチャーログ」を作成。いわば「年間予定表」で、月ごとの行事や重要度の高い案件を、決まり次第書き込む。「ここで大まかな予定を把握すると、細かい予定が立てやすくなります」。見開きで6カ月分でも1年分でも、書きやすいように作って。

1スペースが1カ月。それぞれに「月」を書く

Jan.　4日　仕事はじめ
　　　2日　A子結婚式
　　　12日　歓送迎会

Feb.　11-12日　母が泊まりに来る
　　　17日　会社イベント出展
　　　25日　Bさんの誕生日

Mar.　11日　TOEIC
　　　24日　引っ越し
　　　10日　C弟のお疲れ様会

Apr.　2-13日　新入社員研修
　　　27日　新入社員歓迎会

May.　27日　FP技能検定
　　　4-6日　長崎旅行
　　　2日　Dさんの誕的パーティー

Jun.　5日　人事研修
　　　17-18日　母旅行（実家手伝い）
　　　21日　父誕生日

見開きを6分割する

旅行や試験日程など事前に決まっている大きな予定や、誕生日など忘れてはいけないことを書く

日付の順は気にしなくてOK！　予定が決まった時点で、必要なものを書き足していく

115

STEP 2

毎月1日に、1カ月の予定を管理する「マンスリーログ」を

月初めには「マンスリーログ」を作成して、予定を確認。すでに決まっている予定を「フューチャーログ」から書き写し、新しく入った予定を足していく。「その月の目標やTO DOを書くのもおすすめ。予定とタスクを俯瞰でき、無理なく段取りできます」。

タスクごとに所要時間を書いておくと、予定を立てやすい

買うモノリストは付箋に書き、外出時に財布に貼ると、買い忘れ防止に！

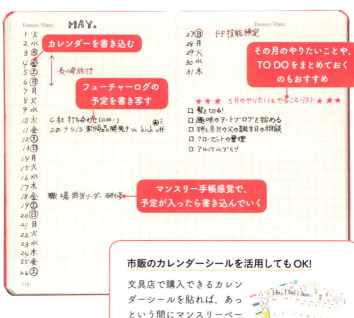

カレンダーを書き込む

フューチャーログの予定を書き写す

マンスリー手帳感覚で、予定が入ったら書き込んでいく

その月のやりたいことや、TO DOをまとめておくのもおすすめ

市販のカレンダーシールを活用してもOK！

文具店で購入できるカレンダーシールを貼れば、あっという間にマンスリーページの完成。手早く、無理なく書き込むのがバレットジャーナルを長く続けるコツ。

カスタムダイアリーステッカーズ（縦120mm×横88mmほか全3サイズ、12カ月分の月間カレンダー＋ブランクシール3枚、年間カレンダー1枚、シールポケット1枚、シールシート1枚入り）／グリーティングライフ
https://custom-diary.com/

CHAPTER 4 FOR ITEMIZATION

STEP 3

タスクや記録、ひらめき、etc.
毎日の出来事を「デイリーログ」に書く！

バレットジャーナル最大の特色が「デイリーログ」。普通の手帳のように1日に書く分量が決まっていないため、その日の予定やアイデア、買い物リストなどを存分に書き込める。「家では常に手帳をそばに置いておき、すぐに書き込むようにしています。外出時は、付箋やスマホにメモしておいて転記することも」。

やり残したタスクの
"持ち越し"方

1日の終わりか、翌朝にはタスクを見直してKeyを書き込む。完了したタスクは「・」に「×」を重ねて書く。

その日やり残し、次の日以降に持ち越したタスクには、「タスクの先送り」のKeyを書く。ここでは「>」を。

翌日に持ち越した場合、そのタスクを書き加える。先々への持ち越しは、付箋に書いて貼っておくといい。

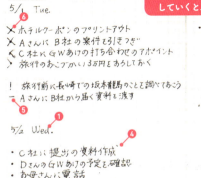

面倒なタスクは、小さくブレイクダウンしてTO DOにしていくと、実行しやすい

1ページに2日書いても、1日で数ページ使ってもOK! スペースを気にせず書いていく

旅行の持ち物はチェックリスト化！インデックスに「p.123旅行の持ち物リスト」などと入れておくと、別の旅行の際にも使えて便利

① 朝または前日夜に日付と曜日を書き込む

② その日のタスクを、頭に「・」を付けて書いていく

③ 前日のタスクで、やり残したものを引き継ぐ

④ マンスリーログにある予定を書く

⑤ 1日の間に思いついたことなどを、Keyを頭に付けながら書く

⑥ タスクが終了したら、終了のKeyを書き込んでいく

COLLECTION

「コレクション」で私らしくカスタマイズ！

読んだ本や見た映画、旅の記録、レシピ集など、日々のタスクやスケジュール以外をまとめて書くページが「コレクション」。『『100のウィッシュリスト』や『旅行の思い出』など、好きな項目をどんどん増やしていけるのが、バレットジャーナルの醍醐味！」。「コレクション」を書いたら、インデックスに「p.124長崎旅行」などと書き残す。ここではMarieさんが実践しているコレクションを元に、おすすめ例を紹介する。

ハビットトラッカー

> 習慣化したいことを、毎日できたかチェック！

語学学習の単語暗記やシェイプアップのための腹筋など、毎日の習慣にしたいことを記録するハビットトラッカー。「1カ月分のマス目を作り、実行できた日は×を付けたり、参考書のページ数を書いたり。マス目が埋まるほど達成感が生まれます！」。

1年間の預金額の推移

> 今年の貯蓄の成績表は？

預貯金もページを作れば、貯めるモチベーションがアップ！「私は1カ月に1度、記帳をしたら預貯金額を書き写しています。家計簿はつけていないのですが、年間の光熱費はコレクションページで把握しています」。

楽しかったことリスト

> 見るたびに気持ちがアップする！

楽しかったことをリスト化するのも◎。「落ち込んだり、SNSのキラキラした投稿を見て心がざわついたりしたら、このリストを見ます。『ないものを数えるより、やってきた幸せを数える』のが幸せの秘訣です」。

CHAPTER 4　FOR ITEMIZATION

こんなときどうする？ Q&A

Q 毎日ページを埋められるか不安です！

A 「歯磨き粉を買う」程度でOK!

「書きたいことがない、三日坊主で終わりそう…という人も心配なし。まずは『歯磨き粉を買う』といった買い物メモから始めてみて。『書いてあるから、忘れても平気』という気楽さを味わえば、自然に続きます」

Q 仕事用とプライベート用で分けたほうがいい？

A 1冊にまとめるのが醍醐味です

「私は仕事の関係上、仕事とプライベートのノートは分けますが、特に制約がない人は、オンもオフも一元化してもいいですね。その場合はKeyの形や色を変えて、書き込んでいきましょう」

Q 巻頭のインデックスやリストページが足りなくなったら？

A ノートの途中に新たなインデックスを

インデックスが足りなくなったら、ノートの途中に新しくインデックスを作り、最初のインデックスの最後に「p.125インデックスの続き」などと書けばOK。「ページ番号を振ることで、順番を気にせず書けます」。

Q どんなノートを使えばいいの？

A 用途に合わせて最適なサイズを

「いつも持ち歩くなら小さめサイズ、旅行記やレシピ集などコレクションページを充実させたいなら大きめサイズと、自分の用途に合わせて選びましょう。私は携帯したいので、コンパクトなA6判を選びます」

人事面談で言いたいことリスト

人事面談で伝えたい仕事の問題点などを。「前職で『お昼休み返上』を強要されたにもかかわらず、残業代がつかなかったことがあり、勤怠については書き残す習慣をつけました」。派遣社員の、契約業務外の仕事の記録にも。

働く女性の進化系「箇条書き手帳」を拝見

箇条書きの基礎をつかんだら実践編。実際に箇条書きで記録しているお二人に手帳を見せていただきましょう。基本は同じなのにレイアウトは千差万別！　それぞれの個性と工夫が光っています。

Case 1

日々できたことを
書き残すことで
普通の毎日に
達成感が
生まれました

事務
mitanさん（仮名）
@ bulletjournal_mitan

「人生を変えたい、2018年は新しい人生にしたい」と、2017年末からバレットジャーナルを始めたmitanさん。「タスク管理だけでなく、その日にできたことや感じたことをポジティブな言葉で書くことで、日々の達成感が生まれています」。

CHAPTER 4 FOR ITEMIZATION

箇条書き手帳編

デイリーログ

タスク管理のほかに前向きな言葉と目標を

見開き1週間のデイリーログは、季節に合わせ、毎週違うデザインに。「毎日、タスクと日記、ポジティブな言葉を書き、見開きが完成したら、1週間の振り返りとともにインスタに投稿します。フォロワーさんからのコメントが、励みになります」。

Weekly Page

愛用ノート

モレスキンの
「ホワイトノートブック ルールド ラージ 方眼」

見開きに1週間、毎日のタスクや日記などをゆったり書きたいから、縦21cm×横13cmのラージを愛用。カバー、ゴムバンド、しおりまで白で統一されたデザイン。

Case 1 mitanさんの箇条書き手帳

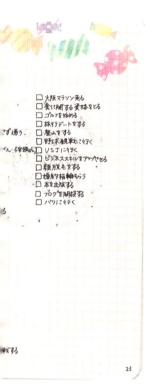

COLLECTION

人生を変えるべく、今年からひとり旅に挑戦中。念願のバリ旅行を最高の旅にするために、旅行の目的から持ち物まで、チェックリストに。

CHAPTER 4　FOR ITEMIZATION

wish list

年始にワクワクして書いた「100のウィッシュリスト」は、着々と達成中。「かなったもののチェック欄を色ペンで塗る作業が楽しい！」。

Recipe note

1カ月の間に作ったなかで、お気に入りのレシピを集めたレシピページ。自分で撮影した写真をマステで貼り、料理の感想も書き残す。

Case 2

フォーマットを作る"無駄な"時間こそ自分と向き合える時間

公務員
シホさん(仮名・25歳)
📷 bujo.sh.et

公務員として忙しい日々を送るシホさん。「バレットジャーナルで1日を振り返る習慣ができ、時間を大切に使うようになりました」。仕事のなかで悩んだことや決意したことを書いたり、個人の目標を書いたりと、成長につなげている。